메소포타미아 신화

-『길가메시 서사시』로 대표되는 가장 오래된 신화 이야기-

야지마 후미오 지음 | 김정희 옮김

KB212845

AK TRIVIA BOOK

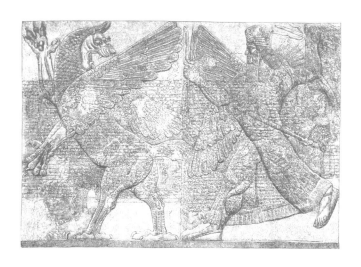

목차

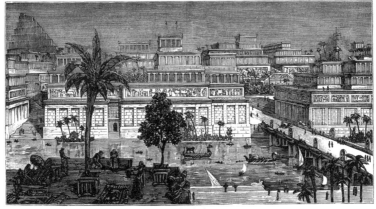

고대 바빌론

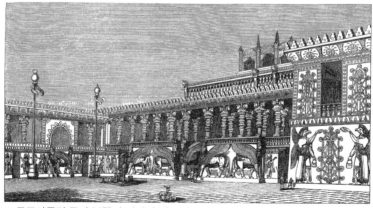

두르샤루킨 궁전 북쪽의 시각적 재구성(이라크 코르사바드). 1893년 목판화, 출판.

들어가며—설형문자의 세계

메소포타미아의 고대 문명 ─────────

이 책에서는 메소포타미아의 대표적인 고대 민족인 수메르인, 아카드인, 히타이트인이 현재 남기고 있는 신화에 대해 소개하고자 합니다. 본문에 들어가기 전에 이 사람들을 낳은 메소포타미아의 자연, 이 사람들이 만들어낸 고대 문명, 그리고 근대 고고학자와 언어학자들이 이것을 재발견한 역사를 짚어보도록 하겠습니다.

메소포타미아란 그리스어로 '(여러 개의) 강 사이'라는 뜻으로, 티그리스강과 유프라테스강 사이를 가리킵니다. 때로는 '양하지방(兩河地方)'이라고도 부릅니다. 티그리스라는 이름은 수메르어의 이디그나, 아카드어의 이디클라트에서 온 것으로, 히타이트인은 아란자히라고 불렀습니다. 또 유프라테스라는 이름은 수메르어의 브라눈, 아카드어의 프라투에서 온 것입니다.

티그리스강과 유프라테스강의 발원지는 소아시아(지금의 튀르키예) 동부입니다. 티그리스강은 이라크 동부지역으로 흘러가고, 유프라테스강은 시리아 북동부로 흘러가 이라크 서부를 지나가는데 이라크 남부 쿠르나에서 이 두 강이 합류하여 샤트알아랍강이라는 이름으로 바스라 하류에서 페르시아만으로 유입됩니다. 그러나 고대에는 이 두 개의 강은 합류하지 않고 별개의 하구를 가지고 있었습

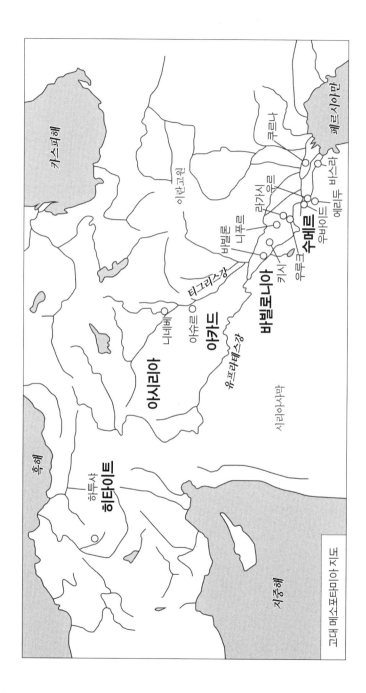

고대 메소포타미아 지도

니다. 발원지 부근은 산악지대지만 시리아와 이라크는 거의 평원으로, 강이 운반해온 진흙의 퇴적층으로 이루어져 있습니다.

지금으로부터 수만 년 전, 이 지역에 인간이 살기 시작하여 최초의 농경 문명이 시작되었습니다. 그 흔적은 북이라크의 자르모와 할라프, 남이라크의 우바이드 등에 남아 있으나 이들이 어떤 사람들이었는지는 명확하지 않습니다. 우바이드에서는 상당히 진화된 석기와 장식품, 토제 인형 등이 발견되었는데 이들 선주민 문화는 어떤 형태로든 그다음에 이동해온 수메르인들에게 계승되었다고 추측하고 있습니다. 우바이드인 등 메소포타미아 선주민에 대해서는 잘 알지 못하지만 메소포타미아의 고대 지명 중 어떤 것들은 이들이 사용한 언어의 흔적이라고 합니다.

메소포타미아에서 문명이라고 할 수 있는 것을 만들어낸 최초의 사람들은 수메르인입니다. 이 사람들은 바다에서 건너왔다거나 산이 있는 나라에서 왔다고들 하지만 현재까지는 정확히 알 수 없습니다. 이후에 자세하게 언급하겠으나 수메르인은 세계 최초의 문자인 설형문자를 만들어 수메르어로 된 문서를 남겼습니다. 그 수메르어는 현재로 봐서는 다른 어떤 언어와도 관계가 없으나 수메르 유적에서 발견된 많은 수메르인 조각상을 보면 그들은 동양계인 것 같기도 합니다. 남녀 모두 키는 작은 편이고, 동그란 얼굴이 많으며, 남자는 종종 머리털을 깎아서 털이 많지 않은 것이 특징입니다. 남녀 모두 양모로 된 의복에 새의 깃털로 만든 스커트를 입고 신분이 높은 사람들은 금과 라피스라즐리(아프가니스탄 지역에서 채

수메르인 조각상

취되는 감청색의 귀한 돌) 등으로 만든 장식을 하고 있습니다.

　이 수메르인은 메소포타미아의 두 개 강 하류 지역에 최초의 도시국가를 세운 사람들입니다. 이들 도시국가는 우르, 우루크, 에리두, 라가시, 기르수, 아다브, 슈루파크, 니푸르 등으로, 도시의 중심에 신전을 세우고 주위에 성벽을 세웠습니다. 그리고 대개는 그곳에서 티그리스강이나 유프라테스강까지 도로가 연결되어 있고, 강가에는 카루라고 하는 선착장이 있어서 배를 교통수단으로 사용하고 있었다는 것을 알 수 있습니다(이것은 본문에서 다룰『길가메시 서사시』의 서술을 통해서도 알 수 있습니다).

도시국가에서는 중앙에 있는 신전이 정치와 경제의 중심으로, 왕과 신관이 상업과 농업에 종사하는 시민을 지배하고, 가끔 주변의 도시국가나 외부에서 온 유목민과 싸움을 벌였습니다. 또한 신전에서는 아주 옛날부터 전해 내려온 신들을 숭배하며 여러 의식을 거행했습니다(본문에서 다룰 「바빌로니아 창세기」의 원문은 바빌로니아의 신년 축제인 아키투 축제 때 낭송한 것입니다).

　몇몇 신전의 중심부에는 지구라트라고 부르는 몇 층이나 되는 계단 형태의 탑으로 된 곳이 있는데, 수메르어로는 '에 테멘 안 키', 즉 '하늘과 땅의 기초 건물'이라고 불렀습니다. 이후에 바빌론의 탑이 유명해져서 '바벨 탑'으로 성서(『구약성서』 창세기 제11장)를 통해 전해졌습니다.

　수메르인들은 메소포타미아 남쪽에 최초의 도시국가를 만들었고, 수 세기가 지났을 무렵에는 다른 민족이 이 지역에 침입하여 수메르인 대부분을 정복했습니다. 이 사람들은 셈어족(오늘날의 아라비아어·히브리어, 고대 페니키아어·아람어 및 아카드어 등을 포함한 셈어를 사용하는 사람들)에 속하는데, 메소포타미아에 침입한 것은 이 중에서 아카드어(아시리아·바빌로니아어)를 사용한 사람들이었기 때문에 여기서는 아카드인이라고 부르겠습니다.

　아카드인은 수메르인들이 세운 몇 개의 도시국가를 멸망시키고 기원전 2500년경에 아카드(『구약성서』의 아가데)를 수도로 한 아카드 왕조를 건설했습니다. 거의 500년간 지속된 이 기간에 아카드인은 수메르의 문화(설형문자, 신들의 체계, 도시국가의 여러 제도) 등을 받아들였

아카드의 무인상

습니다. 사르곤 1세(샤를루 켄)라는 대왕이 나타난 것도 이 무렵으로, 머리 부분을 나타내는 훌륭한 두상(頭像)이 남아 있습니다.

기원전 2000년경에 아카드 왕조 사람들은 남쪽의 바빌로니아와 북쪽의 아시리아로 갈라져 각각 바빌론과 아슈르(후대엔 니네베)를 수도로 정했습니다. 이것은 거대한 제국으로 발전하여 가끔 서로 충돌했습니다. 바빌로니아에서는 기원전 1750년경에 함무라비라는 대왕이 등장하여 282조의 법전을 설형문자로 비석에 새겨 공표했습니다(이 비석은 현재 파리의 루브르 미술관에 있습니다). 그러나 이후에 아시리아에 정복되었고, 기원전 625~538년 사이에 신바빌로니아 왕조라는 이름으로 바빌론은 짧은 기간 동안 잠시 번창했습니다. 그러나 이것도 동쪽에서 온 페르시아인들에게 정복되었습니다. 아시리아도 한때 지중해 연안까지 정복하여 대제국을 이뤘지만 이 또한 기원전 606년에 페르시아인에게 정복되어 니네베는 폐허가 되었습니다. 이곳에 있었던 아슈르바니팔 왕궁

히타이트인을 그린 벽화.

문서고(왕궁도서관)에는 상당히 많은 점토로 된 서판이 보존되어 있었는데 이것이 근대에 발굴되었습니다. 이 책에 수록한 많은 아카드어 문서는 이 발굴 덕분에 알 수 있게 된 것들입니다.

이 책에서는 수메르인과 아카드인의 작품과 함께 히타이트인이 남긴 신화문학의 일부를 수록하고 있는데, 이 히타이트인들은 티그리스강과 유프라테스강의 발원지에 해당하는 소아시아에 살면서 한때 시리아 지방까지 세력을 뻗쳤습니다.

히타이트인은 흑해의 북쪽에서 왔다고 하는데 언어로 봐서는 인도·유럽어족(오늘날의 영어와 그 외 대부분의 유럽어, 그리스어, 라틴어, 산스크리트어 등을 포함합니다)에 속해서 수메르인, 아카드인과는 이 점에서 큰 차이가 있습니다.

히타이트인(하티 또는 헤테라고 불렸습니다. 영어로 히타이트라고 합니다)은 오늘날의 튀르키예 중앙부인 보가즈쾨이에 해당하는 곳에 하투샤라는 이름의 수도를 건설하고, 이 주변에서 나오는 철로 무기를 만들어 큰 세력을 이루었습니다. 한때 이집트인들과 세력 경쟁을 벌여 시리아의 카데시 전쟁에서는 이집트인들을 이겼습니다.

히타이트인도 수메르인이 전한 점토로 된 서판과 설형문자를 배웠고, 그 덕분에 많은 역사와 법전, 그리고 신화문학을 남겼습니다.

설형문자의 역할

위 절의 앞부분에서 언급했듯이 메소포타미아의 대부분은 두 개의 큰 강이 운반하는 점토로 덮인 평원입니다. 언뜻 보면 아무것도 없는 곳인데 수메르인은 여기에서 두 개의 대발견을 이루었습니다.

하나는 이 점토로 만든 벽돌로, 이것은 강한 햇볕에 쬐어 건조만 해도 상당히 내구력 있는 건축 재료가 되었습니다. 불에 구운 것은 반영구적이어서 건축물의 표면 등에 사용되었습니다. 햇볕에 건조한 벽돌은 메소포타미아에서 고대 이집트로 전해져 이곳에서는 투베라고 불렀습니다. 이것을 후에 아랍인들은 아투브라고 부르며 사용했고, 그것은 이베리아반도에서 중남미까지 전해졌습니다. 이 지역들에서 아도브라고 부르는 것이 메소포타미아에서 시작된 햇

설형문자가 적혀 있는 점토 서판.

볕에 건조한 벽돌입니다.

제2의 발명은 벽돌과 마찬가지로 점토를 재료로 한 서판으로, 수메르어로는 두브, 아카드어로는 튭프라고 부릅니다. 여기에 문자를 써서 오늘날의 책과 같이 사용했습니다.

부드러운 점토에 세게 눌러 물건과 인간 등의 형태를 만들어 계산과 기록에 사용한 것이 나중에 간략한 도형이 되고, 이것이 더욱 간략해져서 탄생한 것이 설형문자라고 합니다. 오늘날 가장 오래되었다고 알려진 우루크 문서는 우루크(본문에 수록한 『길가메시 서사시』의 주인공 길가메시의 고향)에 있는 신전의 흔적에서 출토된 소형 점토 서판에 쓴 것입니다. 이 단계(기원전 3100년경)의 설형문자는 사실 아직 상형문자 같은 형태입니다. 여기에는 물고기와 곡물, 인간의 머리, 손과 발, 그 외의 수백 개에 달하는 문자기호가 적혀 있는데 이것은 현재로서는 제대로 읽을 수 없습니다.

이후 이들 문자기호를 선의 형태로 기록하게 되고, 처음에는 세로쓰기였던 것을 가로쓰기(왼쪽에서 오른쪽)로 쓰게 되면서 드디어 설형문자가 완성되었습니다.

수메르인이 완성한 설형문자는 물론 수메르어를 적은 것이지만, 곧바로 메소포타미아를 정복한 아카드인이 이것을 차용하여 이번에는 같은 문자가 아카드어를 의미하게 되었습니다. 이것은 중국에서 탄생한 한자가 일본으로 유입되어 거기에서 파생된 가나문자(히라가나, 가타카나)와 일본어 음으로 읽는 한자로 일본어를 나타내는 것과 유사합니다. 일본에서 사용하는 한자 중에는 원래 중국어 음을 거의 그대로 사용하는 것이 있는데, 동일한 경우가 아카드 문자에도 있어서 수메르어 발음을 그대로 남기고 있는 것도 많습니다. 그래서 아카드 문자의 용법은 매우 복잡해졌습니다. 문자의 수는 600개 정도로 일본 상용한자의 3분의 1 정도지만 용법이 어렵기 때문에 아무나 사용할 수는 없었습니다. 신전의 부속학교에서 소년 시절부터 이 문자를 배운 소수의 사람들만이 서기가 되어 나중에 도시국가에서 중요한 지위를 차지했습니다. 또한 신전이나 궁전에는 문서고(도서관)를 마련하여 오래전부터 전해진 서판을 보존하거나 다른 곳에서 빌려온 서판을 베껴서 새로운 서판을 제작하기도 했습니다. 이러한 문서고는 10곳 정도 발견되었는데 그중에서도 앞서 언급한 아슈르바니팔 왕궁 문서고가 유명합니다. 여

길가메시의 고향 우루크의 폐허가 된 신전.

기서 출토된 수만 개의 서판은 현재 런던의 대영박물관에서 보관하고 있습니다. 이 책에 수록된 아카드 신화의 원문은 거의 대부분이 점토 서판에 기록되어 있는 것들입니다.

설형문자는 수메르·아카드어만이 아니라 앞서 설명했듯이 히타이트어 표기에도 사용했고, 그 외에도 캅카스 지방의 고대 민족인 우라르투인도 자신들의 말(우라르투어. 할디어라고도 부릅니다)을 기록하는 데 사용했습니다. 사용법은 상당히 다르지만 같은 설형문자를 사용한 사람들로는 지중해 동부 해안에 살았던 우가리트인(페니키아인과 가까운 관계에 있었던 셈어족. 여기에서는 알파벳식의 설형문자를 사용했습니다)이나 고대 페르시아인(여기에서는 설형문자를 일본의 가나문자와 비슷한 형태로 사용했습니다)이 있었습니다. 사실 설형문자를 해독하는 작업은 고대 페르시아 설형문자에서 출발했고, 그것이 거의 성공한 이후에 원래 수메르·아카드어 설형문자를 해독할 수 있게 되었습니다.

설형문자의 해독

기원전 3000년, 또는 조금 더 오래된 시기에 만들어진 설형문자는 거의 3,000년간 사용되다가(앞에서 설명했듯이 각지에 전파되어 신종이 탄생하기도 했지만) 서력으로 기원전·후가 되자 사용되지 않아 곧바로 잊히게 되었습니다.

근세가 되자 유럽의 여행자들이 이란의 페르세폴리스 유적 등을 방문하여 기묘한 문자가 사용되었던 것을 보고 그것을 자기 나라 사람들에게 알렸습니다. 이들 문자는 쐐기를 조합한 듯한 형태를 띠고 있어서 언제부터인가 설형문자라는 이름이 생겼습니다.

페르세폴리스(이란의 서남부)와 그 부근의 고대 유적에서는 가끔 설형문자로 된 비문이 발견되었는데, 거기에는 세 종류의 설형문자가 새겨져 있었습니다. 그중 하나는 문자기호가 약 40개만으로 된 간단한 것이었는데, 이것은 고대 페르시아어를 쓴 것이라고 추정했습니다.

이 설형문자를 해독한 사람은 독일의 고등학교 교사인 G. F. 그

H. C. 로린슨

로테펜트(1775~1853)였습니다. 그는 현지에 간 적은 없었으나 복사본을 입수한 후 연구에 열중하여 각 문자의 읽는 법을 거의 정확하게 추정했습니다. 그러나 그가 해독한 것은 90년이 지나서야 인정을 받았습니다.

설형문자를 사용했던 메소포타미아와 이란 현지를 조사해서 고대 페르시아의 설형은 물론 더 복잡한 수메르·아카드의 설형문자(설형문자의 주류로 '바빌로니아 설형문자'라고도 부릅니다)의 기본적인 해독에 성공한 것은 영국인 학자 H. C. 로린슨(1810~1895)이었습니다.

그는 젊은 시절에 인도로 가서 동방의 여러 언어를 공부한 후 이란의 고대 유적에서 본 설형문자에 흥미를 가졌습니다. 베히스툰

이라는 곳의 암벽 산에는 커다란 암벽 조각문이 있는데, 고대 페르시아의 다레이오스 왕과 부하 및 포로들을 나타내는 조각 주변에 3종류의 설형문자(고대 페르시아, 바빌로니아, 고대 에람의 설형문자)가 가득 새겨져 있었습니다. 로린슨은 고심하면서 이것을 베껴서 해독을 위한 자료로 사용했습니다.

로린슨은 앞서 언급한 그로테펜트와는 관계없이 고대 페르시아의 설형문자를 해독하고, 심지어 '바빌로니아 설형문자'를 조금씩 밝혀냈습니다. 이것은 앞서 말했듯이 용법이 매우 복잡해서 로린슨은 후에 가끔씩 던져버리고 싶었다고 말할 정도로 그를 힘들게 했습니다. 그러나 이 문자로 기록된 아카드어(베히스툰 조각문의 경우는 바빌로니아 방언)는 『구약성서』에서 사용한 히브리어와 현재도 사용하고 있는 아라비아어와 동일 계통으로 공통적인 단어가 많았습니다. 이들을 비교하여 수십 개의 단어의 의미를 알 수 있게 되었고, 일본의 한자처럼 읽는 법이 복잡한 문자기호도 점차 이해할 수 있게 되었습니다.

로린슨과 함께 아일랜드인 목사인 E. 힝크스(1792~1866)도 (그는 현지에 간 적은 한 번도 없습니다만) 설형문자를 해독하는 데 큰 역할을 했습니다. 특히 힝크스는 이 문자는 셈어족(여기에서는 바빌로니아인)이 만든 것이 아니라 다른 사람들이 만들었다고 추정했는데, 이들이 바로 나중에 수메르인이라고 알려진 사람들입니다.

1857년에는 런던의 왕실아시아협회에서 설형문자의 해독 콘테스트를 개최했습니다. 로린슨, 힝크스 외에 당시 2명의 설형문자

'대홍수 이야기'를 전하고 있는 비문(碑文).

연구자가 모였고, 위원이 미공개된 설형문자를 이 4명에게 건네어 각각 따로 해독하게 한 후 그 결과를 위원들이 비교해봤습니다. 위원들은 4명의 해독문을 보고 거의 일치한다는 점, 즉 '바빌로니아 설형문자'가 기본적으로 해독되었다는 것을 인정하여 설형문자는 이해(1857년)에 해독된 것으로 되었습니다.

그로부터 15년이 지난 1872년 어느 날, 대영박물관에서 일하던 G. 스미스(1840~1876)는 북메소포타미아에서 운반된 점토 서판을 정리하고 있었습니다. 그는 원래 동판 기술자였지만 어느새 설형문자를 읽을 수 있게 되었습니다. 이날 여느 때처럼 설형문자 바빌로니아어를 기록한 점토 서판을 바라보고 있었는데, 그 일부에서

'배가 니시르산에 멈췄다', 이어서 '비둘기를 날려 보냈는데 그것이 돌아왔다'라는 문장이 적혀 있는 것을 발견했습니다. 그는 곧바로 이것은『구약성서』(창세기 제6~9장)에 나오는 '노아의 방주와 대홍수 이야기'에 해당한다고 생각하여 상사에게 보고했고, 그러자 큰 소동이 벌어졌습니다. 이 점토 서판은 현재『길가메시 서사시』제11의 서판으로 알려져 있는 것입니다(본문 참조).

이후 약 1세기 동안 수메르·아카드어 연구는 급속도로 진행되고 발전하여 많은 문서의 내용이 밝혀졌습니다. 이 책에서 소개하는 것은 그들 중 대표적인 것으로, 이 밖에도 단편적인 것, 일부만 밝혀진 것, 아직 연구가 진전되지 않은 것들이 많이 있습니다. 오늘날 발견된 점토 서판은 40만 개에 달한다고 하니까 이 분야에서 향후 어떤 발견이 있을지 기대됩니다.

다음으로 히타이트 문자와 그 해독에 관해서 간단하게 설명하겠습니다. 히타이트 문자라고는 해도 사실 이것은 아카드 문자와 거의 같은 것을 사용하고 있습니다. 단, 이 문자로 적혀 있는 말을 알지 못하기 때문에 히타이트어 해독이라고 하는 편이 정확하다고 할 수 있습니다.

고대에 히타이트인이 북시리아나 소아시아 쪽에서 대제국을 건설했다는 사실은 여러 기록을 통해서 알려졌는데, 그 수도인 하투샤의 소재는 20세기가 될 때까지 알려지지 않았습니다. 독일의 고고학자인 후고 빙클러(1863~1913)는 1906년 이후에 현재 튀르키예의 수도인 앙카라 동쪽에 있는 보가즈쾨이에서 고대 폐허를 발굴

하여 이곳이 히타이트 제국의 수도였다는 것을 확인했습니다. 그는 이곳 궁전 문서고에서 많은 점토 서판을 발견했습니다. 여기에는 앞서 언급했듯이 설형문자로 당시 미지의 영역이었던 히타이트어 문장이 적혀 있었습니다.

이것을 훌륭하게 해독한 것은 체코인 B. 흐로즈니(1879~1952)로, 그는 빈대학에서 연구하고 있었는데 이후 이스탄불로 가서 하투샤 유적에서 출토된 점토 문서를 살펴봤습니다. 어느 날 그중 하나를 바라보고 있었는데, 거기에는 '빵'을 의미하는 수메르 설형문자가 적혀 있었습니다(이것을 히타이트어로 어떻게 읽는지는 모릅니다). 그 뒤에 이어지는 문자는 아카드 문자와 마찬가지로, '에·이즈·자·아트·테·니'라고 읽습니다. 이것은 독일어 에슨(essen), 즉 '먹는다'에 해당하는 것이라고 생각했습니다. '빵을 먹는다'라고 적혀 있다면 이어서 물에 대해서도 적혀 있을 것이라고 생각했습니다. 이어지는 문자를 보니 '와·아·타르·마·에·쿠·우토·테·니'라고 적혀 있었습니다. 처음의 와아타르는 독일어의 바서(Wasser), 영어의 워터, '물'이 분명합니다. 이렇게 해서 흐로즈니는 히타이트어가 독일어, 영어와 동일 계통인 인도·유럽어계라는 것을 발견했습니다. 이렇게 되면 이후에는 공통적인 단어를 찾아서 비교해보는 것만 남았습니다. 새로 발견한 히타이트어는 그 후 빠르게 이해할 수 있게 되어 이 책에 수록한 신화문학 연구도 진전되었습니다. 단, 여기에서 발견된 점토 서판은 깨져 있는 것이 많아서 일관적인 이야기로 구성하기 위해서는 여러 방법이 필요합니다.

메소포타미아의 신들

수메르인들은 메소포타미아에 세계 최초의 도시를 만들었는데, 그 도시는 중심에 신전, 그 주위에 주거지, 그리고 주변에 벽이 있었습니다. 이 신전에서는 천체의 신을 중심으로 한 신들을 모시고 수백에 달하는 크고 작은 신들을 숭배했습니다.

수세기 후에 이 땅에 들어온 아카드인(아시리아, 바빌로니아인)은 이 수메르 신들을 거의 그대로 흡수하여 동일한 신을 아카드어로 바꿔서 숭배하기도 했습니다. 그러나 수메르어 이름 그대로 셈인들이 숭배하는 경우도 있고, 또 복수의 신들이 하나의 신이 되기도 해서 그 관계를 파악하기는 상당히 어렵습니다.

이 다신교는 주변에도 영향을 미쳐 히타이트 문서에도 이 신들이 등장합니다.

수메르 신화에서는 우선 하늘의 아버지 신인 안과 땅의 어머니 신인 키가 있고, 이 둘 사이에서 엔릴(원래는 바람·폭풍의 신, 후에 안을 돕는 땅의 신으로 유력해집니다)이 태어났습니다. 엔릴은 이후에 니푸르시의 수호신이 되고, 심지어 셈인들은 최고신으로 벨('주인'이라는 뜻)이라고 부르며 숭배했는데, 이후에는 바빌로니아의 주신인 마르두크로 바뀌었습니다.

엔릴 신에게는 달의 신인 난날, 태양신인 우투가 태어났습니다(수메르에서는 이처럼 달의 신이 태양의 신보다 상위에 있습니다. 또 달의 신을 때때로 난나라고 불렀습니다).

달의 신 난날에게는 금성의 신인 인안나(사랑의 여신)가 태어났습

하늘의 신인 아누와 다른 신들을 묘사한 원통 인장(印章).

니다.

이 밖에 큰 신으로는 남메소포타미아 해안에 있던 도시 에리두에서 숭배한 엔키(에아라고도 불리며 다른 신을 동일시한 것일 수도 있습니다)가 있는데, 이것은 물의 신인 동시에 지혜의 신으로 '대홍수 설화'에도 등장합니다.

이 신들은 가끔 천상에서 모였는데 그 집단을 아눈나키라고 부릅니다. 이곳에서는 세계와 인간의 운명이 결정되었습니다.

이 수메르의 큰 신들은 거의 그대로 아카드인에게 전해져 어떤 신들은 셈어로 부르게 되었습니다. 단, 하늘의 신인 안은 거의 그대로 아누라고 부릅니다. 엔릴은 앞서 설명했듯이 보통명사인 벨이라고 불렀는데 달의 신인 난나는 신, 태양신 우투는 아카드어 보통명사로 태양을 의미하는 샤마시, 금성의 신 인안나는 이시타르가 되었습니다.

수메르 이름에 방언이 약간 섞여 셈인들이 사용하게 된 신으로
는 이시타르 신화에 나오는 탐무즈가 있습니다. 이것은 땅의 어머
니 신(대지를 어머니 신으로 비유한 것. 풍요의 신, 대모신이라고도 부릅니다)의 자
식(때로는 남편 혹은 형제)으로 식물의 신입니다. 수메르어로는 두무지
아브노즈('물의 진정한 아이'라는 뜻)라고 불렀습니다. 이 두무지가 탐무
즈가 되었습니다. 이 신은 시리아·페니키아 지방에서 아도니('나의
주인'이라는 뜻)라고 불리기도 했는데, 그리스 신화에 흡수되어 아프
로디테와 페르세포네 두 여신에게 사랑을 받은 아도니스가 되었습
니다(아름다운 청년 아도니스는 후에 멧돼지에게 당하는데 그 죽은 피에서 아네모
네 꽃이 피었다고 합니다. 또 아프로디테는 메소포타미아의 여신 이시타르와 관계가
있다고 추정하고 있습니다).

그 외 신들로 수메르 계열에는 엔릴의 자식으로 전투의 신 닌기
루스(아카드에서는 니누르타라고 불렀습니다), 질병과 전쟁의 신 네르갈(아
카드에서는 에르라갈이라 불렀습니다), 달의 신 난나의 부인으로 '위대한
부인'을 의미하는 닌갈이 있습니다. 원래 셈인이 숭배한 신으로는
태풍의 신 아다드(이는 시리아 지방이 고향인 듯하며 히타이트 신화에도 등장합
니다), 예언과 문자의 신 나부, 아시리아 이름으로 남아 있는 아슈르
등의 신들이 있습니다.

모두 합해 수백에 이르는 이 신들은 메소포타미아에서는 두터운
신앙의 대상으로 여겨져 갖가지 의식이 치러졌습니다. 신들과 인
간이 나란히 이야기에 등장하는 일은 거의 없어서 그리스와 북유
럽처럼 신화의 내용이 풍부하지는 않습니다. 그러나 많은 문학 속

에 들어 있는 신들의 단편적인 이야기를 통해서 어느 정도까지는 이것을 복원할 수 있습니다. 이 책에 수록된 대부분의 이야기는 그런 방법으로 현대 연구자들이 재조합한 것이라는 점을 밝혀둡니다.

I.
천지창조
신화

인간과 농업·목축의 시작(수메르)

이 세상이 시작되었을 때 먼저 하늘과 땅이 쌍둥이처럼 태어났습니다. 다음으로 하늘의 신인 안과 아눈나키(신들의 집단)가 만들어졌습니다. 그다음으로 어머니 신이 많은 여신들을 낳았습니다.

하늘과 땅이 나눠지고 지상에는 이디그나(티그리스)강과 브라눈(유프라테스)강이 만들어지고 그 주변에는 많은 운하가 생겼습니다.

이디그나강과 브라눈강에는 제방을 만들어 수메르 국토는 질서 있게 완성되었습니다.

천상엔 큰 신들과 아눈나키의 신들이 앉아 지금부터 무엇을 하면 좋을지에 대해 서로 이야기를 나눴습니다. 큰 신들은 하늘의 신 안, 대기의 신 엔릴, 태양의 신 우투, 땅과 물의 신 엔키로, 이 중에서는 엔릴이 강한 권력을 가지고 있었습니다.

우선 큰 신들, 특히 엔릴이 아눈나키 신들에게 물었습니다.

"하늘과 땅이 탄생하고 이디그나강과 브라눈강이 정해져 그 제방과 운하를 만들었는데 이제부터 어찌하면 좋을까? 다음으로 무엇을 만들면 좋을까?"

아눈나키의 신들, 특히 두 신이 엔릴에게 대답했습니다.

"하늘과 땅을 잇는 곳인 니푸르시의 성전 우즈무아에서 두 명의 세공 신인 라무가 신의 피로 인간을 만드는 것입니다. 그렇게 하면 신들이 지금까지 해온 일을 이후에는 인간들이 하게 되겠지요. 인간들은 운하를 파거나 토지를 나눠 가래로 땅을 파고 바구니를 들고 수확을 하거나 신들의 집을 세우겠지요. 인간들은 밭을 만들어 국토를 풍요롭게 하고 많은 곡물을 거둬들여 신들의 창고를 풍성하게 해주겠지요."

이렇게 해서 두 라무가 신의 피로 인간이 만들어졌고 최초의 남자에게는 안우레가루라, 최초의 여자에게는 안네가루라라고 이름을 붙였습니다.

인간들은 아눈나키 신들의 밭을 일구고 수메르의 국토를 풍요롭게 했습니다. 또한 신들을 위해 올바른 제의를 지내고, 신전을 바르게 유지하며, 물을 바치는 일을 게을리하지 않았습니다.

큰 신들 중에서도 엔릴의 아버지와 어머니 신인 엔우르 신과 닌우르 신, 점토로 무언가를 만들 수 있는 여신 아루루가 인간에게 다양한 것을 가르쳤습니다. 그것은 소와 양, 그 외의 짐승들, 생선, 새 등을 국토에서 늘리는 방법, 낮에도 밤에도 신전에서 신들을 위해 제의를 올리는 것 등입니다.

또한 큰 신인 안, 엔릴, 엔키, 닌마흐는 여신 니다바를 인간의 수호자로 임명했는데, 그것은 이 여신이 인간의 음식인 곡물, 그리고 다양한 지식과 학문의 여신이기 때문입니다.

최초로 인간이 만들어졌을 때 수메르의 국토에는 아직 소, 양, 당나귀, 염소가 없었습니다. 인간들은 처음에 물속에서 살았습니다. 그들은 아직 빵과 술을 알지 못했고 옷도 알지 못했기 때문에 벌거숭이였습니다.

큰 신인 엔키 신과 엔릴 신은 명령을 내려 먼저 양을 만들어 인간들에게 주었습니다. 양들은 수메르 국토에 널리 퍼져 인간들은 울타리를 만들어 여기에 양을 가두고 그들을 가축으로 키웠습니다. 어미 양들이 새끼 양을 계속 낳았습니다.

인간이 만들어졌을 때 아직 보리와 곡물은 없었고 밀가루도 없었습니다.

곡물의 신인 아시난 신은 인간에게 밭과 초원을 주고 그것을 경작하기 위한 도구를 주었습니다.

인간은 밭을 경작하고 신들은 여기에 태양을 비추었습니다. 그곳에서 식물이 자라고 드디어 풍성한 곡물들이 싹을 틔우게 되었습니다.

가축들과 곡물의 결실 덕분에 인간들은 활력을 얻었고 수메르 국토는 풍요로워졌습니다. 인간들은 국토의 여기저기에 점토로 집을 지었고, 신들을 위해서는 깨끗하게 정화한 집을 지어 모든 것이 풍요로워졌습니다.

바빌로니아 창세기(아카드)

1

하늘에도 땅에도 아직 이름을 붙이지 않았을 무렵, 즉 세계가 아직 분명한 형태를 갖추고 있지 않았을 무렵, 남신 압주(순수한 물)와 뭄무(안개의 모습을 한 생명력), 여신 티아마트(소금물)만이 있었습니다. 티아마트는 모든 것을 낳은 어머니 신입니다. 이 태초의 세계에서 압주와 티아마트가 섞여 신들이 탄생했습니다.

먼저 남신 라흐무와 여신 라하무가 태어났습니다. 이 두 신은 금세 자라나 안샤르와 키샤르를 낳았습니다. 이 두 신도 계속 성장하여 둘 사이에서 태어난 것이 아누(하늘의 신)였습니다.

이 아누에게 누딤무드(창조자)라고 불린 에아 신이 태어났는데, 에아 신은 지혜와 힘이 남달라서 신들 중 누구도 에아 신에 비길 수 없었습니다.

신들의 수가 늘어나자 신들은 무리를 이루고 큰 소동을 벌였기 때문에 여신 티아마트는 마음속으로 불쾌하게 생각했습니다. 남신 압주는 티아마트 이상으로 이것을 불쾌하게 생각하여 부하인 뭄무를 불러 둘이서 티아마트가 있는 곳으로 갔습니다.

압주가 티아마트에게 말하기를,

"그들은 시끄러워서 견딜 수가 없어. 그들이 조용해지지 않으면 우리는 잠을 잘 수가 없어."

티아마트가 압주에게 답하며 말하기를,

"내가 낳았으니까 어쩔 도리가 없잖아요? 적당히 해요."

뭄무는 압주 편을 들며 말했습니다.

"아버지 신이시여. 그들을 어떻게 좀 해주세요. 어머니 신도 조용한 것을 바라고 계십니다."

압주는 뭄무의 말에 고개를 끄덕이며 둘은 시끄러운 신들을 어떻게 할 것인지 논의했습니다.

그러나 이 논의가 다른 신들에게 전해져 신들은 난처해졌다고 당황해하며 허둥댔습니다. 그러나 지혜의 신 에아는 당황하지 않고 주문을 외워 신들을 지키고 심지어 압주를 향해 주문을 외워 압주를 잠들게 했습니다.

그러고 나서 에아 신은 압주가 몸에 지니고 있던 관(冠)과 빛나는 옷을 빼앗아 그것을 자신의 몸에 걸쳤습니다. 그 후 압주 신을 죽이고 뭄무를 묶어 가둬버렸습니다.

그 후 에아 신은 자신의 집에서 안주했습니다. 얼마 후 그의 아내 담키나가 임신하여 마르두크 신이 태어났습니다. 그는 훌륭한 자질을 갖춘 남신이었습니다.

아버지 신 에아는 너무나 기뻐하여 보통의 2배의 능력을 아들 마르두크 신에게 주었습니다. 그래서 이 신의 눈은 4개, 귀도 4개였고 입을 움직이면 불이 타고 늠름한 몸은 환하게 빛났습니다.

큰 신인 아누 신은 4개의 바람을 마르두크에게 주었는데 그는 회오리바람을 여신 티아마트(소금물. 용의 모습을 함)에게 보내어 그녀를 불쾌하게 만들었습니다.

다른 신들도 이것을 불쾌하게 생각하여 티아마트에게 말하기를,

"압주가 살해되었을 때 당신은 아무것도 하지 않았습니다. 아누가 마르두크에게 준 4개의 바람 때문에 우리들은 편안하게 잘 수도 없습니다. 부디 복수해주십시오. 우리는 안심하며 잠들고 싶습니다."

티아마트는 이 말을 받아들이며 말했습니다.

"좋습니다. 우리들도 그들에게 대항할 바람과 괴물을 만들어 그들과 싸웁시다."

그리고는 티아마트는 여러 괴물을 만들기 시작했습니다. 그것은 무슈마후(7개로 갈라진 큰 뱀), 바시무(독사), 무슈슈(전갈의 꼬리를 가진 용), 라하무(바다의 괴수), 우갈루(거대한 폭풍), 우리딤무(미친 개), 기르타블룰루(전갈 인간), 쿨룰루(물고기 인간), 들소 등이었습니다.

또한 여신 티아마트는 아들 중에서 킨구라는 이름을 가진 자를 골라 이 괴물들이 속한 군대의 사령관으로 임명하기로 했습니다. 그를 특별한 의자에 앉히고 말하기를,

"나는 너에게 주문을 걸어 신들의 우두머리라는 지위를 너에게 주겠다. 너는 아눈나키 신들의 사령관이다."

그리고는 그에게 천상계 최고의 권력을 의미하는 '천명(天命)의 서판'을 주었습니다. 그 후 여신 티아마트와 사령관 킨구는 아군인 신들을 모아 전쟁 준비를 하도록 명했습니다.

2

티아마트와 그의 아군들이 전쟁 준비를 하고 있다는 사실이 곧바로 지혜의 신 에아의 귀에 들어갔습니다. 에아는 잠시 골똘히 생각에 잠긴 후 일어서서 할아버지 안샤르를 찾아가 그가 들은 것을 자세히 전했습니다. 그가 말하기를,

"어머니 신 티아마트는 우리를 싫어하여 많은 신들을 자기편으로 만들어 전쟁을 준비하고 있습니다. 그들은 모여서 상의한 후 많은 괴물들을 만들어냈습니다. 그것은 무슈마후(7개로 갈라진 큰 뱀), 바슈무(독사), 무슈후슈(전갈의 꼬리를 가진 용), 라하무(바다의 괴수), 우갈루(거대한 폭풍), 우리딤무(미친 개), 기르타블룰루(전갈 인간), 쿨룰루(물고기 인간), 들소 등입니다.

여신 티아마트는 아들 중에서 킨구를 골라 그들의 사령관으로 임명하고 '천명(天命)의 서판(書板)'을 주었습니다. 그리고 티아마트와 킨구는 아군인 신들이 전쟁을 준비하도록 했습니다."

안샤르는 당황한 얼굴을 하며 손자인 에아에게 말하기를,

"네가 압주를 죽였기 때문에 이런 일이 벌어진 것이 아니냐. 그래서 티아마트가 화가 난 것이다. 티아마트의 마음을 달랠 수밖에 없다."

그리고 나서 안샤르는 아들 아누에게 티아마트의 마음을 달래고 오라고 명했습니다. 아누는 티아마트를 찾아갔으나 티아마트와 그 아군들이 흥분한 것을 보고 어찌하면 좋을지 몰라 아무것도 하지 않은 채 안샤르에게로 돌아왔습니다.

안샤르는 곤란해하며 생각에 잠겼습니다. 아눈나키의 신들도 모여서 어찌할 바를 몰라 입을 다물었습니다. 모두 티아마트와 그 아군들, 특히 괴물과는 상대가 되지 않는다고 생각하여 안샤르의 결정을 기다리고 있었습니다.

안샤르는 잠시 꼴똘히 생각한 후 말하기를,

"이 위기를 헤쳐나갈 수 있는 자는 마르두크밖에 없다!"

에아도 그렇다고 생각하여 아들 마르두크를 불러 할아버지 안샤르의 부탁을 들어달라고 말했습니다.

마르두크는 아버지의 부탁에 기뻐하며 곧장 증조부 안샤르를 찾아갔습니다. 안샤르는 마르두크를 보며 기뻐하고 그를 자신의 곁으로 가까이 불렀습니다.

마르두크가 말하기를,

"증조부여, 무슨 일이십니까? 무엇을 걱정하고 계십니까? 누가 당신을 향해 싸움을 걸었습니까? 안심하세요. 제가 도와드리겠습니다."

안샤르가 말하길,

"너의 힘 있는 주문으로 어머니 신 티아마트의 분노를 잠재워라. 폭풍을 타고 진격하여 티아마트를 혼내줘라."

마르두크는 증조부의 말에 기뻐하며 이것이야말로 자신의 힘을 시험해보고 천상계에서 세력을 얻을 수 있는 기회라고 생각하며 말하기를,

"신들의 주인이시여, 만약 제가 티아마트를 붙잡아 당신들의 목

숨을 구한다면 신들의 모임을 열어 나에게 '천명'을 주십시오. 제가 신들의 집회에서 최고의 지위에 오르고 저의 명령이 최고의 것이 되도록요!"

3

마르두크의 부탁을 듣고 안샤르는 부하인 가가를 불러 사자의 자격으로 자신의 부모 신인 라흐무와 라하무 곁에 다녀오도록 명했습니다.

"너는 라흐무와 라하무를 찾아가고 그리고 나서 다른 신들을 모두 모이도록 해라. 그 후 연회를 열어서 모두가 먹고 마시도록 하겠다. 그리고 마르두크를 위해 '천명'을 줄 것을 정하자. 너는 신들에게 다음과 같이 전해라.

어머니 신 티아마트가 화가 나서 전쟁을 준비하고 있습니다. 그들은 무슈마후, 바슈무, 무슈후슈, 라하무, 우갈루, 우리딤무, 기르타블룰루, 쿨룰루, 들소 등 괴물을 만들었습니다. 여신 티아마트는 아들 중에서 킨구를 골라 그들 군대의 사령관으로 임명했습니다. 그녀는 킨구에게 '천명의 서판'을 주어 모든 신들 위에 군림하게 했습니다. 나는 티아마트를 달래기 위해 아누 신을 보냈으나 아누 신은 티아마트 앞으로 나서지 못했습니다. 그 후 마르두크가 찾아와 똑똑한 티아마트와 싸우기 위해 신들의 집회에서 '천명'을 받을 수 있게 해달라고 부탁했습니다. 그러니 모두 모여서 그에게 '천명'을 줍시다."

가가는 그곳을 나와 라흐무와 라하무를 만나 안샤르가 전하라고 명한 것을 정확하게 복창했습니다. 이것을 들은 라흐무와 라하무는 티아마트를 소리 높여 비난하고 서둘러 안샤르를 찾아왔습니다. 그 밖의 신들도 안샤르를 찾아와서 신들이 모이는 방은 가득 찼습니다. 그런 후에 연회가 시작되어 신들은 자리에 앉아 먹고 마셨습니다. 긴 관으로 항아리 속의 단술을 마시며 배를 가득 채웠습니다. 이렇게 기분이 좋아진 신들은 마르두크에게 '천명'을 주고 신들의 지배자가 되는 것을 인정했습니다.

4 ————————————————————

신들은 자리를 정돈한 후 마르두크에게 말하기를,

"그대는 신들 중에서 가장 존경받으며 그대의 명령은 최고의 권위를 가진다. 신들의 성전 안에 그대의 자리(바빌론의 에사길라 신전의 안쪽 신전)가 영원히 마련될 것이다. 마르두크여, 그대는 우리의 복수를 할 자이다. 그대에게 모든 권력을 주겠다. 그대의 말은 항상 최고의 힘을 가지고 그대의 무기는 항상 적을 물리칠 것이다."

그리고 나서 신들은 마르두크의 힘을 시험해보기 위해 하늘에 표시를 한 후 마르두크에게 이것을 한 번에 없애고 다시 나타나게 해보라고 명했습니다. 마르두크가 주문을 외우자 하늘의 표시는 사라지고 다시 주문을 외우자 그 표시가 다시 나타났습니다. 신들은 기뻐하며 마르두크를 왕으로 인정하고 그를 축복했습니다. 그리고 신들은 마르두크에게 왕을 의미하는 물품을 건네며 말하길,

"자, 가라. 티아마트를 무찌르고 돌아오라."

마르두크는 활과 화살, 3개로 갈라진 창, 천둥과 타는 불꽃을 들고 티아마트를 잡기 위한 그물을 손에 쥐었습니다. 그러고 나서 마르두크는 동서남북 4곳의 바람, 모래바람, 뇌우와 같은 7개의 무서운 바람을 준비했습니다.

마르두크는 4종류의 폭풍 괴물이 끄는 수레를 타고 입으로 주문을 외우면서 진격했습니다. 그는 갑옷과 긴 옷을 두르고 머리에서는 빛을 발하고 있었고, 4종류의 폭풍 괴물은 입에서 거품을 뿜어냈습니다. 보는 것만으로도 무서운 광경이었습니다.

마르두크는 여신 티아마트와 심복인 킨구에게 가까워지자 걸음을 늦추며 그 모습을 살펴봤습니다. 킨구는 허둥대며 도망가려고 했습니다. 티아마트는 마르두크를 보려고도 하지 않고 주문을 마구 쏟아냈습니다. 그러고는 말하기를,

"신들은 너와 대항하기 위해서 모였다. 신들이 너에게 그 지위를 넘길 리 없다."

마르두크가 이에 답하기를,

"사랑하는 마음을 가져야 할 자가 살의를 품고 있는가? '천명'을 받을 자격이 없는 킨구를 최고의 위치에 올려놓고 신들의 주인인 안샤르에게 대항하는가? 자, 이제 싸우자."

이 말에 티아마트는 넋이 나가 제정신을 잃었습니다. 서로 주문

을 외우며 싸움이 시작되었습니다.

마르두크가 그물을 치고 티아마트를 향해 무서운 바람을 보내자 티아마트는 이것을 삼키려고 입을 벌렸습니다. 난폭한 바람은 티아마트의 뱃속으로 들어가 크게 부풀었습니다. 마르두크가 티아마트의 배를 향해 화살을 쏘자 배가 찢어지고 화살은 심장에 맞아 티아마트는 그 자리에서 쓰러졌습니다.

여신 티아마트가 죽자 그를 지키던 군사들은 두려움에 떨며 싸우지도 않고 모두 마르두크의 그물에 걸려들었습니다. 티아마트가 만들어낸 괴물들도 모두 붙잡혀 고삐에 묶여 감금되었습니다. 그들의 사령관 킨구도 몸이 묶이자 마르두크는 그에게서 '천명의 서판'을 빼앗아 자신의 몸에 지녔습니다.

그리고 나서 마르두크는 대여신 티아마트의 커다란 시체를 바라본 후 먼저 두개골을 부수고 몸을 두 개로 갈라 하나를 천상으로 들어 올려 그것을 하늘에 둘러쳤습니다. 바다의 여신 티아마트의 몸에는 대량의 소금물이 포함되어 있어서 마르두크는 파수꾼을 두어 호우가 내리지 않도록 물의 유출을 감시하게 했습니다.

다음으로 마르두크는 여기에 하늘의 대신전 에샤라를 세우고 중심이 되는 큰 신 아누와 엔릴, 에아를 각각 적합한 장소에 살게 했습니다. 즉 하늘, 공기(대기), 압주(하늘의 물)가 그것입니다.

5

   그 후 마르두크는 천체를 만들어 하늘에 놓았습니다.

   우선 그는 별을 이용하여 하늘에 신들과 닮은 모습의 별자리를 놓고 1년을 정하고, 12개의 달에 각각 3개씩, 즉 전부 합해서 36개의 별자리를 정했습니다.

   그러고 나서 하늘에 아누의 길, 엔릴의 길, 에아의 길이라는 3개의 영역을 마련하였고, 하늘의 동쪽에는 태양의 입구, 서쪽에는 출구를 만들었습니다.

   다음으로 티아마트의 몸으로 만든 하늘 안쪽에 달의 신인 신을 놓고 밤의 장식으로 삼았습니다.

   달의 신인 신은 달이 시작될 때에는 관의 형태를 띠다가 점차 뿔 모양이 됩니다. 보름달이 될 때에는 태양신인 샤마시(아카드어로 샤마시. 우투와 동일한 신임—역주)와 마주 보게 되고 다시 줄어들어 원래의 모습으로 돌아옵니다. 달의 신인 신은 29일째에 다시 태양신 샤마시와 마주 보게 됩니다.

   다음으로 마르두크는 태양신 샤마시가 다녀야 할 길을 만들었습니다.

   그리고 마르두크는 티아마트의 수분을 모아 구름을 만들고 비와 안개도 만들었습니다.

   다음으로는 티아마트의 머리를 잘라 이것으로 산을 만들고 지하수에서 물이 흘러나오도록 했습니다. 또한 티아마트의 양쪽 눈에서는 브라눈(유프라테스)강과 이디그나(티그리스)강이 흘러나오도록 했습니다.

티아마트의 젖가슴으로는 특히 큰 산을 만들어 그곳에서는 풍부한 물이 솟아오르도록 했습니다.

마르두크는 티아마트의 꼬리 부분(티아마트는 큰 용이기도 했습니다)을 하늘의 '매듭'과 잇고, 다음으로 티아마트의 하반신으로 땅을 만들었습니다.

이렇게 하늘과 땅의 창조가 끝나자 마르두크는 지상에 성전을 세워 제의의 방식을 정하고, 킨구에게 빼앗은 '천명의 서판'을 아누 신에게 돌려주었습니다.

그리고 티아마트의 편이 되었던 신들과 티아마트가 만들어낸 괴물들을 처벌하고 그들의 무기를 부숴버렸습니다.

마르두크 쪽의 신들, 즉 라흐무와 라하무, 안샤르, 아누, 엔릴, 에아 그리고 그의 어머니 담키나는 매우 기뻐하며 마르두크에게 축하의 선물을 가져왔습니다.

하늘의 신들은 모두 모여 마르두크 앞에서 엎드려 절하며 그야말로 우리들의 왕이라고 외쳤습니다.

마르두크는 정장을 입고 왕을 나타내는 물품을 몸에 지니고 왕좌에 올라 정식으로 신들의 왕이 되었습니다.

마르두크의 부모님인 에아와 담키나의 부름에 응하여 신들이 입을 모아 외치기를,

"마르두크야말로 천지 신들의 왕, 우리의 성소를 지키는 자가 되기를. 무엇이든지 우리에게 명하기를."

마르두크가 입을 열어 말하기를,

"당신들이 사는 신전 에샤라와 함께 지상에도 훌륭한 신전을 만들고 싶다. 그곳에 제의를 치를 장소를 만들어 나의 왕권을 영구한 것으로 만들고 싶다. 신들이 집회에 올 때 그곳은 신들의 안식처가 될 것이다. 나는 그곳을 바비루(신의 문, 바빌론)라고 부르겠다."

이에 대해 신들이 말하기를,

"천지 신들의 왕이여, 우리에게 생명을 주는 자여. 지혜의 신 에아가 그것을 생각하고 우리는 그 밑에서 일할 것이오."

6 ———————————————————————

마르두크는 신들의 말을 듣고 잠시 생각한 후 말하기를,

"나는 신의 피로 뼈를 만들어 최초의 아메르, 즉 인간을 만들려고 생각한다. 그 인간은 신들을 위해 허드렛일을 하게 될 것이다. 한편 신들은 천상에 속하는 자와 지상에 속하는 자로 나뉘어 존경받을 것이다."

마르두크가 이러한 말을 하자 에아 신이 대답하기를,

"티아마트 쪽의 신들 중에서 누군가를 골라 인간을 만들면 좋겠습니다. 신들을 모아 죄가 있는 자를 골라내고 나머지는 용서합시다."

마르두크가 신들을 모아 모든 신들을 향해 입을 열어 말하기를,

"나에게 바른말을 해주시오. 티아마트를 부추겨서 전쟁을 일으

킨 자는 누군가? 그자를 건네면 다른 자들은 용서받을 것이다.”

이 말을 들은 신들이 천지 신들의 왕, 이제 주군인 마르두크에게 답하기를,

“티아마트를 부추겨 전쟁을 일으킨 자는 킨구다.”

킨구가 연행되어 그의 혈관이 잘리자 흐르는 피에서 최초의 인간이 만들어졌습니다. 인간들은 영문도 모른 채 마르두크의 철저한 지시에 따라 신전을 건설하게 되었습니다.

마르두크는 그의 말대로 신들의 거주지를 천상과 지상으로 나누어 천상에 300위(위[位]는 신들을 세는 단위임. 일본어로는 주[柱]로 표기하는데 우리말 표현에 맞게 번역하였음—역주), 지상에 300위, 합쳐서 600위의 거처를 정했습니다.

신들이 마르두크에게 말하기를,

“우리의 주인이여, 감사합니다. 우리는 이후 안식을 위한 성소를 만들도록 하겠습니다.”

마르두크가 이 말을 듣고 기뻐하며 말하기를,

“그래. 바비루(바빌론)를 세워 프락이라 부르는 것이 좋겠다.”

모든 신들이 일하기 시작하여 1년째에는 벽돌을 만들고, 2년째에는 에사길라 신전을 축조했습니다. 또한 지구라트(이른바 바벨탑)를 하늘 높이 쌓아올려 그곳에 마르두크, 엔릴, 에아의 신전을 만들었습니다.

에사길라 신전이 완성되자 그다음으로 모든 신들이 자신의 성소를 세웠습니다. 그 후 마르두크는 축하연을 열어 큰 신인 할아버

지, 아버지 신을 초대했습니다.

여기서 그가 말하기를,

"이것은 여러분의 바비루(신의 문)입니다. 자, 축하연을 위한 자리에 앉아 충분히 즐기십시오."

큰 신들은 자리에 앉아 술을 마시고 노래를 부르며 즐거워했습니다.

그 후 에사길라 신전에서는 제의가 치러지고 모든 계시가 정해졌으며 모든 신들의 역할도 정해졌습니다.

마르두크는 그가 공들여 완성한 활을 들어 이것을 큰 신들에게 보여줬습니다. 아누 신이 그것을 손에 들고 신들을 향해 말하기를,

"이것은 나의 딸, 그 이름은 '키가 큰 나무', '정복자' 그리고 '활의 별'로, 나는 이것을 천공에서 빛나게 하리라."

그리고 아누는 신들과 상의하여 이것을 천공의 어디에 놓을 것인지를 정했습니다.

큰 신들은 마르두크를 칭송하고 그를 천지 신들의 주인으로 정했습니다. 안샤르가 말하기를,

"주인의 명령에는 천상에서도 지상에서도 복종을.
주인의 지배는 최고의 것이 되기를.
주인의 공적은 계속 전해져야 한다.
주인의 조부와 아버지에게는 끊임없이 공물을 바치고
인간들이 주인을 삼가 섬기며

노예들은 신을 잊지 않기를.

신과 여신에게 공물을 바치기를.

그들이 신들의 땅을 훌륭하게 가꾸기를.

인간들이 신들을 섬기기를."

그러고는 말하기를,

"자, 주인을 50개의 이름으로 부르자."

그런 다음 다음과 같은 50개의 이름으로 마르두크를 부르며 칭송했습니다.

마르두크, 마르카, 마르투크, 바라샤쿠시, 루갈디메르안키아, 나리루갈디메르안키아, 아사루히, 남틸라쿠, 남루, 아사루, 아사루아림, 아사루아림눈나, 투투, 지우킨나, 지쿠, 아가쿠, 투쿠, 샤즈, 지시, 스흐림, 스흐그림, 자흐림, 자흐그림, 엔비루루, 에파둔, 다가르, 헤가르, 시르시르, 마라흐, 기르, 기르마, 아기르마, 주루무, 뭄무, 주루문, 기슈누문아브, 루가라브두브루, 파가르구엔나, 루가르두르마흐, 아라눈나, 두무두크, 루가란나, 루가르우가, 이르킨구, 킨마, 이시즈쿠르, 기비르, 아드두, 아샤르, 네비르.

II.
탐무즈
신화

인안나·두무지 신화(수메르)

여신 인안나는 금성의 신이고 동시에 사랑과 풍요의 여신입니다. 그녀는 천상계의 성당에 있었는데 지하계로 내려가기로 했습니다. 그 이유를 정확히는 알 수 없으나 이미 지하계로 내려가 있는 남편 두무지를 쫓아가기로 한 것 같습니다.

*

하늘의 신이 지하계로 내려가기 위해서는 여러 준비가 필요했습니다. 먼저 여러 신전에서 여신이 가지고 있는 지위를 포기할 필요가 있어서 그녀는 우루크, 바드티비라, 자발람, 아다브, 니푸르, 키시, 아카드의 각 도시에 있는 신전에 작별을 고했습니다.

그리고 여신 인안나는 몸을 치장하기 시작했습니다. 먼저 슈구라라는 왕관을 쓰고, 라피스라즐리로 된 목걸이를 하고, 황금으로 된 팔찌를 찼습니다. 옷은 귀부인용의 긴 옷으로 여기에 향수를 뿌렸습니다.

여신은 시종의 여신 닌슈부르를 불러 말하기를,

"저는 이제 지하계로 내려가겠습니다. 제가 지하계에 도착했을 무렵에 당신은 신들의 거처를 찾아다니며 제가 지하계에서 험한 일을 당하거나 살해당하는 일이 없도록 큰 신들에게 도움을 청하세요. 우르의 엔릴 신, 에키시누갈의 난나 신, 에리두의 엔키 신에게 이것을 부탁하세요. 큰 신들 앞에서는 눈물을 흘리고 온갖 말을 동원해서 도움을 구하세요."

그리고 여신 인안나는 지하 입구로 향했습니다. 그곳에는 지하계의 문지기 네티가 있어서 가까이 다가오는 자들을 지켜보고 있었습니다.

여신 인안나가 문을 지키는 네티에게 말하기를,

"문을 열어라. 문지기여, 문을 열어라."

문지기인 네티는 문 앞에 있는 것이 천상계의 여신 인안나라는 것을 알고 그녀를 향해 말하기를,

"기다려주십시오. 여신 인안나여, 지하계의 여왕 에레시키갈(인안나의 언니)에게 허락을 받고 오겠습니다."

지하계의 문지기 네티는 여왕 에레시키갈을 찾아가 여신 인안나가 왕관을 쓰고 여러 장신구를 몸에 두르고 지하계 입구에 왔다는 것을 전했습니다.

에레시키갈은 동생 인안나와 사이가 좋지 않아서 이 소식을 듣고 화를 냈으나 거절할 이유도 없어 어쩔 수 없이 지하계로 들어오는 것을 허락했습니다. 그러나 거기에는 한 가지 조건을 덧붙였습니다.

그녀가 문지기 네티에게 말하기를,

"문지기 네티여, 잘 들어라. 너는 나의 여동생인 여신 인안나를 위해 지하에 있는 7개의 문을 열어줘라. 그러나 문을 하나씩 들어갈 때마다 몸에 두르고 있는 장신구와 옷을 그녀에게서 빼앗아라.

이것이 지하계의 규칙이다.”

　여신 인안나가 지하계의 첫 번째 문에 들어서자 그녀의 왕관을 가져갔습니다.

　“이것은 어찌 된 일인가요?”라고 비난하는 여신에게 문지기가 말하기를,

　“이것이 지하계의 규칙입니다. 여신 인안나여, 규칙을 따라야 합니다.”

　여신이 두 번째 문으로 들어가자 그녀의 지팡이를 가져갔습니다.

　“이것은 어찌 된 일인가요?”라고 비난하는 여신에게 문지기가 말하기를,

　“이것이 지하계의 규칙입니다. 여신 인안나여, 규칙을 따라야 합니다.”

　여신이 세 번째 문으로 들어서자 그녀의 라피스라즐리로 된 목걸이를 가져갔습니다.

　“이것은 어찌 된 일인가요?”라고 비난하는 여신에게 문지기가 말하기를,

　“이것이 지하계의 규칙입니다. 여신 인안나여, 규칙을 따라야 합니다.”

　여신이 네 번째 문으로 들어서자 그녀의 펜던트를 가져갔습니다.

　“이것은 어찌 된 일인가요?”라고 비난하는 여신에게 문지기가 말하기를,

　“이것이 지하계의 규칙입니다. 여신 인안나여, 규칙을 따라야 합

니다."

여신이 다섯 번째 문으로 들어서자 그녀의 황금 팔찌를 가져갔습니다.

"이것은 어찌 된 일인가요?"라고 비난하는 여신에게 문지기가 말하기를,

"이것이 지하계의 규칙입니다. 여신 인안나여, 규칙을 따라야 합니다."

여신이 여섯 번째 문으로 들어서자 그녀의 가슴 장식을 가져갔습니다.

"이것은 어찌 된 일인가요?"라고 비난하는 여신에게 문지기가 말하기를,

"이것이 지하계의 규칙입니다. 여신 인안나여, 규칙을 따라야 합니다."

여신이 일곱 번째 문으로 들어서자 그녀의 옷을 가져갔습니다.

"이것은 어찌 된 일인가요?"라고 비난하는 여신에게 문지기가 말하기를,

"이것이 지하계의 규칙입니다. 여신 인안나여, 규칙을 따라야 합니다. 인간은 벌거벗은 채로 이곳에 옵니다."

이렇게 벌거숭이가 된 여신 인안나를 네티가 지하계의 궁전으로 데리고 갔습니다.

궁전의 옥좌에는 인안나의 언니 에레시키갈이 앉아 있고, 그 주위에는 7명의 지하계 신들이 있었습니다.

여신 인안나는 지하계로 내려왔다는 이유로 재판에 회부됐고, 7명의 신들과 에레시키갈은 유죄를 선고했습니다.

지하계의 여왕 에레시키갈이 여동생 인안나에게 차가운 눈빛으로 죽음의 판결을 내리자마자 여신 인안나의 영혼은 빠져나가 시체가 되어 그 자리에 쓰러졌습니다. 인안나의 시체는 궁전의 벽에 걸렸습니다.

인안나가 지하계 입구를 향해 간 지 3일 낮과 밤이 지났을 무렵 여신의 시중을 드는 닌슈부르는 큰 신들을 찾아가 주인인 여신 인안나가 지하계로 간 것을 알리고 그녀를 구해달라고 호소했습니다.

먼저 에쿠르 신전에서 큰 신 엔릴을 만나 그의 딸인 여신 인안나를 도와달라고 청했으나 엔릴 신은 제 멋대로인 인안나의 행동을 비난하고 그 청을 들어주지 않았습니다.

다음으로 닌슈부르는 우르시에 있는 에키시누갈 신전에서 난날 신을 만나 똑같이 호소했으나 난날 신도 엔릴 신과 같은 말을 하면서 그 청을 들어주지 않았습니다.

다음으로 그녀는 에리두시(엔키 신의 신전이 있다)에 가서 엔키 신에게 똑같이 호소했습니다. 엔키 신은 여신 인안나의 운명을 걱정하며 인안나를 구출할 계획을 생각해냈습니다.

그는 먼저 손톱의 때에서 쿠르갈루와 갈라투라라는 두 인물을 만들었는데 이들은 일종의 신관입니다. 그리고 쿠르갈루에게는 '생명의 음식'을, 갈라투라에게는 '생명의 물'을 건네며 말하기를,

"너희들은 지하계로 가서 먼저 병으로 고생하고 있는 에레시키갈의 병을 고쳐줘라. 그리고 에레시키갈이 그 답례로 강의 물이나 밭의 보리를 준다고 하면 그것을 거절하고 벽에 걸려 있는 인안나의 시체를 받아와라. 그리고 '생명의 음식'과 '생명의 물'을 시체에 뿌리면 여신 인안나는 일어날 것이다."

쿠르갈루와 갈라투라는 엔키 신의 말을 듣고 '생명의 음식'과 '생명의 물'을 가지고 서둘러 지하계로 내려갔습니다.

그들은 병상에 있는 지하계의 여왕 에레시키갈을 보고 그의 병을 고쳐주었습니다. 에레시키갈은 두 사람에게 강의 물과 밭의 보리를 주려고 했으나 두 사람은 이것을 받지 않고 벽에 걸려 있는 여신 인안나의 시체를 원했습니다.

에레시키갈은 이를 허락하고 인안나의 시체를 벽에서 떼어 쿠르갈루와 갈라투라에게 건넸습니다.

두 사람이 '생명의 음식'과 '생명의 물'을 인안나의 시체에 뿌리자 인안나는 되살아나 일어섰습니다.

여신 인안나가 이 꺼림칙한 지하계에서 지상으로 가려고 하자 지하계의 신들이 인안나에게 말하기를,

"인안나여, 지하계에서 지상으로 돌아가기 위해서는 대신할 자를 한 명 이곳에 데리고 와야 한다."

그러자 여신 인안나는 누군가 대신할 자를 건넬 것을 약속하고 지상으로 올라왔습니다. 여신 인안나를 대신할 자를 지하계로 데리고 가기 위해 정령인 갈라들이 인안나와 함께 지상으로 올라왔

습니다.

　지상에서는 상복을 입은 닌슈부르가 살아 돌아온 여신 인안나를 보고 발밑으로 몸을 던지며 기뻐했습니다.

　정령들은 인안나를 대신할 자로 닌슈부르를 지하계로 데리고 가려고 했으나 여신 인안나는 이것을 말리며 말하기를,

　"그녀는 나를 위해 큰 신들을 찾아다니며 나를 도우려고 조치를 취해줬습니다. 그녀를 건넬 수는 없습니다."

　다음으로 움마시의 시그쿠르카가 신전으로 가자 상복을 입은 샤라 신이 살아 돌아온 여신 인안나를 보고 발밑으로 몸을 던지며 기뻐했습니다.

　정령들은 샤라 신을 지하계로 데리고 가려고 했으나 여신 인안나는 이것을 말리며 말하기를,

　"그는 나를 위해 노래를 부르는 자, 나의 머리를 만져주는 사람입니다. 그를 건넬 수는 없습니다."

　다음으로 바드티비라시로 가자 상복을 입은 주신(主神) 라타락이 살아 돌아온 여신 인안나를 보고 발밑으로 몸을 던지며 기뻐했습니다.

　정령들은 라타락 신을 인안나 신을 대신할 자로 지하계로 데리고 가려고 했으나 여신 인안나는 이것을 말리며 말하기를,

　"그는 나의 곁에서 나를 섬기는 재상입니다. 그를 건넬 수는 없습니다."

　다음으로 쿨아바의 들판으로 가자 여신 인안나의 남편인 젊은

목축의 신 두무지가 상복도 입지 않고 훌륭한 옷을 입은 채 즐거워하고 있었습니다. 인안나는 자신은 심한 일을 겪었는데 슬퍼하지 않는 남편 두무지를 보자 화가 치밀어 말하기를,

"정령들이여, 저 두무지를 지하로 데려가세요."

정령들은 두무지에게 덤벼들어 두무지를 붙잡았습니다. 두무지는 두려워 하늘을 향해 두 팔을 들어 올리고 태양신 우투에게 기도하며 말하기를,

"태양신 우투여, 당신의 일가인 여신 인안나의 남편을 도와주세요. 나의 모습을 바꿔 지하계의 정령 갈라들로부터 구해주세요. 저를 저의 누나 게시틴안나가 있는 곳으로 갈 수 있게 해주세요."

태양신 우투는 젊은 두무지의 운명을 불쌍히 여겨 그의 모습을 뱀으로 바꿔 도망갈 수 있도록 하고 그의 누나 게시틴안나가 있는 곳으로 안내했습니다.

두무지의 누나이자 천상의 포도 신인 게시틴안나는 상처 입은 동생을 보고 탄식했습니다. 또한 정령 갈라들에게 쫓기고 있는 것을 알고 그를 숨겨주었습니다.

한편 정령 갈라들은 도망간 두무지를 쫓아 사방팔방으로 찾아다녔고 결국 게시틴안나가 있는 곳까지 왔습니다. 그녀에게 심한 짓을 하고 그녀의 집 안을 뒤졌으나 두무지를 찾지는 못했습니다.

다음으로 정령들은 들판에 있는 양들의 오두막을 뒤져 여기에 숨어 있던 두무지를 붙잡아 결국 지하계로 데리고 갔습니다.

*

    이후의 이야기는 남아 있는 점토 서판이 매우 단편적이어서 알 수 없습니다. 그러나 다른 작품들의 기록을 통해 추정해보면 두무지는 결국 지하계에서 유력한 신이 되지만 누나인 게시틴안나는 동생을 찾기 위해 방방곡곡을 찾아 헤맵니다. 그리고 드디어 게시틴안나는 지하계에서 동생 두무지와 재회하는데 어느 한쪽은 지하계에 있어야만 하기에 누나와 동생은 1년의 절반씩, 즉 하계와 동계로 나눠 교대로 지하계에 있기로 했습니다.

이시타르·탐무즈 신화(아카드)

수메르의 여신 인안나는 아카드인들이 들어오자 이름이 바뀌어 이시타르가 되었습니다. 지금부터 다룰 것은 「이시타르의 지하계 하강」이라는 총 138행으로 된 비교적 짧은 점토 서판의 내용입니다. 그러나 독자들은 이것을 보고 바로 앞 절에서 다룬 수메르의 「인안나·두무지 신화」의 일부와 동일하다는 것을 알게 될 것입니다. 그렇습니다. 이것은 수메르어 문장을 거의 그대로 아카드어로 번역한 것이라고 해도 과언이 아니어서 그다지 신선미는 없다고 느낄 것입니다. 단, 여신 이시타르가 지하계에 내려간 이유가 여기에서는 수메르의 경우와 다르다고 생각됩니다. 또한 긴 신화 중 이 부분만이 아카드어판으로 남아 있는 것도 뭔가 이유가 있는 듯합니다.

*

달의 신인 신의 딸 이시타르는 언니인 여왕 에레시키갈이 지배하는 지하계로 내려갈 결심을 했습니다.

이곳에서는 지하계를 '암흑의 집', '들어간 자는 나올 수 없는 집', '사는 자는 빛을 빼앗기는 집'이라고 부르고, 그곳으로 가는 길은 '걸어가는 자는 돌아올 수 없는 길'이라고 합니다. 그곳에서 죽은 자는 새처럼 날개가 달린 옷을 입고, 먼지와 점토를 먹으며, 빛이 없는 어둠 속에서 삽니다. 여신 이시타르는 지하계의 문에 다가가

문지기에게 말하기를,

"문지기여, 문을 열어라. 만약 나를 들여보내주지 않으면 문을 부수고 빗장을 때려 부수겠다. 죽은 자를 일어나게 하여 산 자보다 죽은 자가 늘어나게 하겠다."

이 말을 듣고 문지기는 두려워 지하계의 여왕 에레시키갈에게 이 말을 전했습니다.

여왕 에레시키갈은 얼굴이 파랗게 질려 괴로운 듯 말하기를,

"무엇 때문에 그녀는 이곳으로 왔는가. 지하계로 내려온 누군가를 위해서 찾아온 것인가? 문지기여, 가서 그녀를 위해 문을 열어줘라. 오래된 관례에 따라 그녀를 맞이하라."

문지기는 여신 이시타르가 기다리고 있는 지하계 입구로 돌아가 말하기를,

"들어오세요, 여신님. 지하계는 당신을 환영할 것입니다."

이시타르가 첫 번째 문에 들어가자 문지기는 여신의 큰 왕관을 가져갔습니다.

이시타르가 말하기를,

"문지기여, 왜 나의 큰 왕관을 가져가느냐?"

문지기가 대답하기를,

"여신님, 이것이 지하계의 규칙입니다."

이시타르가 두 번째 문에 들어가자 문지기는 여신의 귀걸이를 가져갔습니다.

이시타르가 말하기를,

"문지기여, 왜 나의 귀걸이를 가져가느냐?"

문지기가 대답하기를,

"여신님, 이것이 지하계의 규칙입니다."

이시타르가 세 번째 문에 들어가자 문지기는 여신의 목걸이를 가져갔습니다.

이시타르가 말하기를,

"문지기여, 왜 나의 목걸이를 가져가느냐?"

문지기가 대답하기를,

"여신님, 이것이 지하계의 규칙입니다."

이시타르가 네 번째 문에 들어가자 문지기는 여신의 가슴 장식을 가져갔습니다.

이시타르가 말하기를,

"문지기여, 왜 나의 가슴 장식을 가져가느냐?"

문지기가 대답하기를,

"여신님, 이것이 지하계의 규칙입니다."

이시타르가 다섯 번째 문에 들어가자 문지기는 여신의 허리띠를 가져갔습니다.

이시타르가 말하기를,

"문지기여, 왜 나의 허리띠를 가져가느냐?"

문지기가 대답하기를,

"여신님, 이것이 지하계의 규칙입니다."

이시타르가 여섯 번째 문에 들어가자 문지기는 여신의 팔찌와 발찌를 가져갔습니다.

이시타르가 말하기를,

"문지기여, 왜 나의 팔찌와 발찌를 가져가느냐?"

문지기가 대답하기를,

"여신님, 이것이 지하계의 규칙입니다."

이시타르가 일곱 번째 문에 들어가자 문지기는 여신의 허리에 두르는 천을 가져갔습니다.

이시타르가 말하기를,

"문지기여, 왜 나의 허리에 두르는 천을 가져가느냐?"

문지기가 대답하기를,

"여신님, 이것이 지하계의 규칙입니다."

이렇게 여신 이시타르는 벌거숭이가 되어 지하계의 궁전에 도착했습니다.

지하계의 여왕이자 이시타르의 언니인 에레시키갈은 신경질적인 얼굴을 하고 옥좌에 앉아 있었는데, 여동생인 여신이 다가오는 것을 보고 화를 내며 신하인 남타르를 불렀습니다.

에레시키갈이 남타르에게 말하기를,

"남타르여, 여신 이시타르를 궁전의 안쪽 방에 데려가 가둬라. 그리고 여신 이시타르를 향해 무서운 60개의 악령이 덮치게 해라. 그녀의 눈이 병에 걸리도록, 배가 아프도록, 발이 아프도록, 심장이 아프도록, 머리가 아프도록, 그녀의 여기저기가 아프도록, 그녀의 전신을 향해 악령이 덮치게 해라."

이렇게 여신 이시타르가 지하계에서 병이 나자 지상에서는 모든 생물이 번식을 하지 않고, 식물은 시들고, 인간들도 완전히 기운을 잃어버렸습니다.

신들의 시종인 팝수칼은 지상계가 완전히 활기를 잃고, 신들에게 바치는 공물도 적어지고, 인간들의 신에 대한 봉사가 중단된 것에 당황해하며 달의 신인 신에게로 와서 이것을 호소했습니다.

신들의 모임인 아눈나키에서는 이에 대해 신들이 상의한 끝에 언제나 그렇듯이 지혜의 신인 에아에게 여신 이시타르를 도와주도록 부탁했습니다. 지혜를 관장하는 에아는 마음속으로 모습을 떠올려 사자(使者)인 아스슈나밀을 만들었습니다.

그러고 나서 에아가 아스슈나밀에게 말하기를,

"지하계로 가거라. 지하계의 7개의 문은 네가 가면 열리게 되어 있다. 지하계의 여왕 에레시키갈은 네가 다가가면 기뻐할 것이다. 그리고 그녀에게 큰 신들의 이름을 불러 주문을 걸어라. 그렇게 하면 그녀의 기분은 차분해지고 온화해질 것이다. 그 후 그녀의 곁에 놓아둔 스하르지크(생명의 물을 넣은 주머니)를 가리키며 그 안의 물을 마시고 싶다고 말해라. 그녀는 그것을 거절할지도 모른다. 그러나 어떻게든 구실을 찾아 그것을 받아 죽어가는 여신 이시타르에게 뿌리면 여신은 살아날 것이다."

아스슈나밀은 지하계로 향해 출발하여 7개의 문을 통과하여 여왕 에레시키갈이 있는 곳에 모습을 드러냈습니다.

에레시키갈은 지혜의 신 에아의 사자가 방문한 것을 기뻐했는

데, 아스슈나밀이 스하르지크를 가리키며 그 안에 있는 물을 마시고 싶다고 말하자 화를 내며 말하기를,

"너는 해서는 안 될 말을 하는구나. 나는 너에게 저주를 내릴 것이다. 너는 이제부터 시궁창 속에 살며 사람들의 멸시를 받을 것이다."

*

그러나 에아의 사자 아스슈나밀은 지혜의 신 에아에게 받은 소중한 계략을 사용하여 지하계의 여왕 에레시키갈의 생각을 바꾸게 했습니다. 에레시키갈은 갑자기 여신 이시타르를 돕겠다고 말했습니다.

에레시키갈이 시종 남타르를 향해 말하기를,

"남타르여, 에갈기나(재판의 방)를 꾸며서 큰 신들을 황금의 옥좌로 모시고 오너라."

이것은 아마 신들이 다시 재판을 해서 여신 이시타르의 유죄를 취소하고 지상으로 돌아오는 것을 허락하게 하기 위한 것일지도 모릅니다. 여왕 에레시키갈은 이어서 시종 남타르에게 스하르지크에 들어 있는 생명의 물을 여신 이시타르에게 뿌려 지상으로 돌려보내도록 명했습니다.

남타르는 에레시키갈의 명령대로 일을 처리한 후, 이번에는 여신 이시타르를 지하계에서 볼 때 첫 번째 문에서 일곱 번째 문까지 안내했습니다.

*

첫 번째 문을 통과한 후 남타르는 여신에게 허리에 두르는 천을 돌려주었습니다.

두 번째 문을 통과한 후 남타르는 여신에게 팔찌와 발찌를 돌려주었습니다.

세 번째 문을 통과한 후 남타르는 여신에게 허리띠를 돌려주었습니다.

네 번째 문을 통과한 후 남타르는 여신에게 가슴 장식을 돌려주었습니다.

다섯 번째 문을 통과한 후 남타르는 여신에게 목걸이를 돌려주었습니다.

여섯 번째 문을 통과한 후 남타르는 여신에게 귀걸이를 돌려주었습니다.

일곱 번째 문을 통과한 후 남타르는 여신에게 큰 왕관을 돌려주었습니다.

*

이상으로 아카드어판으로 된 이 신화의 본문(125행까지)은 끝납니다. 이후에 남아 있는 13행은 본문과 관련 없이 덧붙인 것입니다. 그러나 이 안에 여신 이시타르의 '젊은 시절의 연인'으로 탐무즈 신의 이름이 두 번 나오는 것, 이 신이 또 '단 한 명의 형제'라고 적혀 있는 점에서 이 신화가 이시타르와 탐무즈(수메르 신화의 인안나와 두무지)를 주인공으로 하고 있는 것은 분명합니다.

그러나 수메르 신화에서는 인안나가 두무지를 자신을 대신해서 지하계로 가도록 하지만, 아카드 신화에서는 지하계에 몸을 감춘 탐무즈 신(식물이 겨울에 모습을 감추는 것을 가리킵니다)을 쫓아 지하계로 내려갔다고 생각됩니다.

텔리피누 신화(히타이트)

폭풍의 신 테슈프의 아들 텔리피누(수메르의 두무지, 아카드의 탐무즈와 동일 계열로 풍요의 신입니다)는 언제인가 어떤 이유에서인지 지상에서 모습을 감추었습니다.

텔리피누는 매우 서둘러 멀리 떠나버렸는데 이 신이 사라지자 지상에서는 곤란한 일이 벌어졌습니다. 인간도 동물도 아이를 가질 수 없게 되고, 나무와 풀은 시들고, 곡물도 결실을 맺지 못하게 되었습니다.

인간들은 먹을 것이 사라지고 굶주려 괴로워하기 시작했습니다.

인간들은 신들의 도움을 바라며 남아 있는 적은 양의 음식과 물을 바쳤으나 신들은 그 적은 양의 음식과 물에 만족하지 못했습니다.

텔리피누의 아버지 폭풍의 신 테슈프는 행방불명이 된 아들을 걱정하며 말하기를,

"나의 아들 텔리피누여, 너는 어디에 있느냐? 너는 뭣 때문에 화가 나서 모든 것을 가지고 사라져버렸느냐?"

모든 신들, 나이 든 신들과 젊은 신들이 모여 텔리피누 신을 찾아낼 수단을 강구했습니다.

태양신이 독수리를 불러서 말하기를,

"너는 하늘을 날면서 산과 계곡, 그리고 바다와 호수 밑을 찾아봐라."

독수리는 바로 하늘을 날아 여기저기를 찾아다녔지만 텔리피누 신을 찾지 못했습니다.

독수리는 돌아와서 태양신에게 탐색이 실패로 끝났다고 보고했습니다.

텔리피누의 아버지인 폭풍의 신은 곤혹스러워하면서 아내인 한나한나 여신(수메르의 여신 닌투에 해당합니다)을 향해 말하기를,

"한나한나 여신이여, 어찌하면 좋겠소? 이대로 놔두면 신들도 인간들도 굶어 죽을 것이오."

여신 한나한나가 남편인 폭풍의 신에게 말하기를,

"당신이 직접 아들 텔리피누를 찾으러 가는 수밖에 없어요."

그래서 폭풍의 신은 스스로 아들 텔리피누를 찾으러 나섰습니다. 그는 멀리 나가 하나의 성을 발견하고 그곳에 텔리피누가 있을 것이라고 생각하고 입구로 향했습니다. 그러나 문이 굳게 닫혀 있어서 폭풍을 일으켜 문의 빗장을 부수고 안으로 들어갔습니다. 그러나 텔리피누를 찾지는 못했습니다(사실 텔리피누는 그 성의 안뜰에 사람이 깊숙이 들어가지 않는 구석의 나무 그늘에 있었을지도 모릅니다).

폭풍의 신은 아내인 여신 한나한나가 있는 곳으로 돌아와 텔리피누를 찾지 못했다고 보고했습니다.

그러자 여신 한나한나는 아껴둔 수단을 사용하기로 했습니다. 그녀는 몇 마리, 아니 몇백 마리, 몇천 마리나 되는 벌을 불러들여 말하기를,

"너희들은 몸이 작고 가볍고 빛처럼 빨리 날 수 있으니 반드시 텔

리피누를 찾을 수 있을 것이다. 자, 가거라."

여신 한나한나의 명령을 들은 벌들은 일제히 멀리 날아가 이윽고 텔리피누가 몸을 숨기고 있는 은신처를 찾아내 보통의 인간과 동물이 빠져나갈 수 없는 작은 구멍으로 침입하여 잠들어 있는 텔리피누를 찾아냈습니다. 벌들은 계속 텔리피누를 침으로 쏘아서 텔리피누는 펄쩍 뛰며 화를 냈습니다.

저 멀리서 이 사실을 안 큰 신들은 이번에는 텔리피누를 매우 화나게 한 것을 후회하며 그 마음을 달래기 위해 대추야자, 올리브, 포도주, 맥주 등을 준비하고 향유(香油)를 뿌려 텔리피누의 고통을 덜어주려 했습니다.

그런데도 텔리피누는 미친 듯이 화를 냈고, 그 아픔도 전혀 줄어들지 않았습니다. 그러자 여신 캄루세파는 독수리를 불러 말하기를,

"너는 그 날개를 퍼덕거려 텔리피누의 고통을 경감시켜라."

또한 여신 캄루세파는 신들의 시종 하판타리 신을 향해 말하기를,

"열두 마리의 양을 데리고 와서 그 양의 피를 텔리피누에게 바쳐라."

그리고 여신 자신도 텔리피누가 누워서 화를 내고 있는 곳을 찾아가 주문을 외우며 텔리피누의 분노를 달랬습니다.

이렇게 해서 텔리피누의 분노는 진정되고, 텔리피누는 떠났던 먼 길을 반대로 돌아와 원래 있던 곳으로 돌아왔습니다.

신들은 하타르키슈나의 큰 나무 아래 모여 텔리피누가 돌아온 것을 기뻐하며 텔리피누를 위해 새로운 저택을 세우기로 했습니다. 그것은 7개의 문이 있는 훌륭한 건물로 중정(中庭)과 높은 지붕이 있고 그리고 천장에는 들창이 붙어 있었습니다.

　텔리피누는 기뻐하며 이 저택에 살기로 했는데, 사실은 텔리피누 신이 다시는 멀리 떠나지 않도록 7개의 문으로 가둬놓은 것입니다.

　텔리피누가 돌아오자 지상에서는 기쁨을 되찾았습니다. 아궁이에서는 불이 타고, 양과 소들은 새끼를 낳게 되고, 다시 풍작이 이어지는 나날들이 찾아오게 되었습니다.

길가메시 서사시(아카드)

남메소포타미아의 도성 우루크에서 길가메시가 태어났을 때, 신들은 이를 축복하고 그를 보통 사람 이상인 자로 만들기로 했습니다.

태양신 샤마시는 그에게 아름다운 모습을 선사하고, 폭풍의 신 아다드는 그에게 남자다움을 선사했습니다. 신들은 그를 3분의 2는 신, 3분의 1은 인간으로 하기로 결정했습니다.

훌륭하게 성인이 되어 우루크의 성주가 된 길가메시는 자신의 힘을 자랑하면서 부하와 시민들에게 난폭하게 굴었습니다. 길가메시는 우루크의 아버지들에게서 아들을 빼앗아 부하로 삼고, 어머니들에게서는 딸을 빼앗아 궁전으로 들였습니다.

우루크의 시민들은 결국 참을 수가 없어 모두 모여 하늘의 신인 아누에게 이 고통을 호소했습니다.

하늘의 신 아누는 이것을 듣고 창조의 여신 아루루를 불러 명했습니다.

"너는 전에 인간을 만들었는데 이번에는 길가메시와 비등한 용감한 자를 만들어내라. 그리고 길가메시와 싸우게 해라. 우루크의 도성이 평화로워지도록."

여신 아루루는 그 말을 이해하고 손을 씻은 후 마음속에서 아누 신의 모습을 떠올리며 점토로 산 사나이를 만들었습니다. 여신은 이것에 엔키두라는 이름을 붙이고 전쟁의 신 니누르타가 힘을 주었습니다.

엔키두는 전신이 털로 뒤덮여 마치 짐승 같았습니다.

그는 우루크 근처의 들판으로 보내졌고, 그곳에서 산양들과 풀을 먹고, 물을 마시는 곳에서는 여러 동물들과 함께 물을 마셨습니다.

우루크에서 한 사냥꾼이 찾아와 이 물 먹는 곳에 덫을 놓았습니다. 며칠째인가 그가 이곳에 오자 물 먹는 곳에 무서운 산 사나이가 있는 것을 보고 깜짝 놀라 서둘러 우루크로 돌아가 아버지에게 알렸습니다.

"아버지, 물 먹는 곳에 무서운 산 사나이가 있어요. 굉장히 힘이 세고 산을 마구 돌아다니고 있어요. 언제나 짐승들과 함께 풀을 먹거나 물을 마시고 있어요. 제가 함정을 만들기 위해 판 구덩이를 막아버리고 제가 놓은 덫을 망가뜨렸어요. 그리고 짐승들을 도망가게 했어요."

아버지는 사냥꾼을 향해 말했습니다.

"우루크의 성으로 가서 길가메시님에게 그 사실을 알려라. 그리고 궁전에서 일하고 있는 궁녀를 데리고 오너라. 여자의 힘으로 산 사나이를 유인하자."

사냥꾼은 아버지가 하는 말을 듣고 우루크의 성으로 가서 길가메시에게 이 사실을 알렸습니다.

길가메시는 이것을 듣고 사냥꾼을 향해 궁녀를 데리고 가도록 명했습니다.

사냥꾼은 궁녀를 데리고 출발하여 3일째에는 그 물 먹는 곳에 도착했습니다. 사냥꾼과 궁녀는 몸을 감추고 산 사나이 엔키두가 나타나기를 기다리고 있었습니다.

그 후 하루, 이틀이 지나고 3일째가 되자 짐승들이 찾아왔습니다. 그리고 산 사나이 엔키두도 함께 왔습니다.

사냥꾼은 궁녀에게 저 산 사나이를 유혹하도록 했고 궁녀는 그대로 했습니다.

엔키두가 궁녀에게 유혹되자 짐승들은 놀라서 도망갔습니다.

엔키두는 궁녀 앞에서 몸이 굳고 무릎이 펴지지 않자 그 힘으로 사람다움이 생겼습니다. 궁녀는 엔키두에게 말했습니다.

"현명한 엔키두여, 왜 짐승들과 들판을 떠돌아다니나요? 자, 우루크의 성으로 오세요. 그곳에는 아누 신과 이시타르 신이 살고 계신 신전이 있고 성주 길가메시님이 지배하고 있어요."

엔키두는 이 말을 듣고 친구를 갖고 싶어 우루크에 가겠다고 했습니다. 그는 궁녀를 향해 말했습니다.

"자, 나를 우루크로 데리고 가주시오.

아누 신과 이시타르 신이 살고 계신 신전으로.

들소처럼 힘이 센 길가메시와 내가 힘을 겨루어보기로 하지."

궁녀는 산 사나이 엔키두를 데리고 우루크성으로 갔습니다.

그 우루크에서는 힘이 센 길가메시가 기묘한 꿈을 꿨습니다. 그는 꿈의 의미를 알기 위해 어머니인 여신 닌순의 거처를 방문했습니다.

길가메시는 어머니인 여신 닌순에게 말했습니다.

"나의 어머니여, 나는 밤사이에 우루크의 성내를 걷고 있었습니다. 하늘에서는 별들이 빛나고 있었는데 갑자기 아누 신이 깃든 별이 떨어져 내 위로 덮쳤습니다. 나는 그것을 들려고 했으나 그것은 너무 무거워서 움직이지 않았습니다. 함께 걷고 있던 귀인들이 도와줘서 그것을 겨우 들었을 때 꿈에서 깼습니다."

길가메시의 어머니인 여신 닌순은 길가메시를 향해 답했습니다.

"길가메시여, 너와 거의 비슷한 힘을 가진 자가 들판에서 태어나 가까운 시일 내에 이곳을 찾아올 것이다. 너는 그와 싸우겠지. 그러나 그 후에는 친구가 될 것이다. 그가 오거든 이곳으로 데리고 오너라."

궁녀와 엔키두는 우루크의 성문 근처로 왔습니다. 우루크에는 성 앞에 광장이 있습니다. 그곳에는 많은 사람들이 모여 낯선 산사나이 엔키두를 보고 서로 수군거렸습니다.

"저 남자는 길가메시와 똑 닮았어."

"키는 작지만 분명 힘이 셀 거야."

"산과 들에서 짐승들과 함께 자라 힘이 세졌을 거야."

"분명 길가메시와 힘겨루기를 하겠지."

광장에서 벌어지는 소동을 듣고 길가메시는 성문을 열고 광장으로 나가 엔키두의 앞에 섰습니다.

엔키두는 일어나 발로 문을 닫고 길가메시가 성 안으로 들어가지 못하게 했습니다.

그 후 두 사람을 서로 붙잡고 격투를 벌이기 시작했습니다.

그들은 목우(牧牛)처럼 온 힘을 다해 싸웠습니다. 벽은 갈라지고 문은 부서졌습니다.

두 사람은 상대방의 힘을 인정하고 무릎을 굽히며 두 다리를 지면에 댄 후 상대에게서 손을 뗐습니다.

산 사나이 엔키두는 영웅 길가메시에게 말했습니다.

"너는 마치 힘이 센 소 중에서도 가장 힘이 센 소 같구나. 너의 어머니인 여신 닌순은 너를 사람 중에서 최고인 자로 낳았다. 엔릴 신이 너에게 사람들의 왕이라는 지위를 하사한 것도 당연하다."

이렇게 해서 길가메시와 엔키두는 서로의 힘을 인정하고 친구가 되었습니다.

또한 우루크의 성주인 길가메시는 지금까지 자행해온 난폭한 짓을 그만두었습니다. 그러자 우루크 사람들로부터 사랑을 받게 되었습니다.

한편 우루크로부터 북쪽에 있는 삼나무 숲에는 훔바바라고 불리는 괴물이 살고 있어 삼나무를 베러 가는 사람들에게 해를 입혔습니다.

이 이야기를 들은 길가메시는 친구가 된 엔키두와 함께 훔바바를 정복하러 가기로 했습니다.

그러나 엔키두는 별로 좋지 않은 꿈을 꿨습니다. 뭔가 좋지 않은 일이 일어날지도 모른다고 생각하여 길가메시에게 이 사실을 전했습니다.

엔키두는 길가메시에게 말했습니다.

"나의 친구여, 내가 들판을 헤매고 다녔을 때 그 삼나무 숲을 본 적이 있어. 그것은 몇십 리에 걸쳐 펼쳐져 있고, 그곳으로 들어가는 자는 아무도 없었어. 그곳에 사는 괴물 훔바바의 울부짖는 소리는 마치 대홍수가 날 때 울리는 소리와 같아. 그 입은 불을 내뿜고, 그 숨은 죽음을 부르는 무서운 괴물이야. 너는 왜 훔바바를 정벌하러 가려는 거지?"

그러나 길가메시는 일단 정한 것은 바꾸려고 하지 않았습니다. 길가메시는 계속 원정하러 가야 한다고만 주장했고, 엔키두는 눈물을 흘리며 이에 반대했습니다. 그러나 결국 길가메시를 설득하는 것을 단념했습니다.

길가메시는 엔키두에게 자신의 결의를 이야기했습니다.

"나의 친구여, 태양 아래에서는 신만이 영원히 살 수 있고, 인간이 살 수 있는 날은 정해져 있어. 너는 죽음을 두려워하는 것 같은데 너의 힘은 어떻게 된 거야? '전진하라, 두려워하지 마'라고 외치는 거야. 만약 내가 쓰러진다면 내 이름은 자손들에게 전해지겠지. '길가메시는 무서운 괴물 훔바바와 싸우다 쓰러졌다'고."

그 후 길가메시는 무기를 만드는 장인들에게 특별한 무기를 만들라고 명했습니다.

그것은 3빌투(1빌투는 약 30kg) 정도의 무게가 나가는 도끼와 큰 검이었습니다. 게다가 그 검에는 30무나(1무나는 약 500g) 정도의 무게가 나가는 황금으로 된 날밑이 붙어 있었습니다.

길가메시와 엔키두는 이 무기들을 들고 원정을 떠날 채비를 했습니다.

길가메시는 우루크성 광장으로 나가 사람들에게 훔바바를 정벌하겠다는 자신의 결의를 이야기했습니다.

"나는 삼나무 숲의 괴물 훔바바를 무찔러서 우루크인이 얼마나 강한지를 온 나라 사람들에게 알릴 것이다. 삼나무 숲을 베어 훔바바와 같은 괴물이 살지 못하도록 하겠다. 그렇게 해서 내 이름이 영원히 전해지도록 하겠다."

우루크의 장로들은 길가메시에게 훔바바는 만만치 않은 상대라는 사실을 알리며 경고했습니다.

"길가메시여, 당신은 젊어서 마음이 조급하군요. 훔바바는 보통의 괴물이 아닙니다. 훔바바의 울부짖는 소리는 마치 홍수와 같고 그 입은 불이요, 그 숨은 죽음을 부릅니다. 훔바바를 정벌하는 것은 여간 어려운 일이 아닙니다."

그러나 길가메시는 그 말을 듣지 않았습니다. 우루크의 장로들도 충고하기를 포기하고 그들의 원정을 축복했습니다.

"신들이 당신들을 지켜주시기를. 건강한 모습으로 우루크 강가로 돌아올 수 있기를."

다음으로 길가메시는 태양신 샤마시에게 기도를 드리고 그 가호를 빌었습니다. 그리고 나서 운명을 알기 위해 점을 쳤는데 그 결과는 좋다고는 할 수 없었습니다. 길가메시는 마음의 동요를 느끼고 눈물을 흘렸습니다. 그러나 길가메시는 여전히 자신의 결의를 바꾸지 않았습니다.

길가메시와 엔키두가 무기를 가지고 우루크 광장으로 나서자 장로들은 조언을 했습니다. 장로들은 길가메시에게 삼나무 숲을 잘 알고 있는 엔키두가 안내인이 되어 숲으로 전진해야 한다는 것, 저녁에는 우물에서 물을 떠 가죽 주머니에 가득 채워둘 것, 샤마시 신과 루갈반다 신(우루크시의 신, 그러므로 길가메시의 수호신)에게 잊지 않고 물을 바치며 보호해달라고 기원할 것 등을 일러두었습니다.

두 사람은 이 말을 들은 후, 드디어 삼나무 숲을 향해 나아갔습니다.

그들은 몇십 리를 걸은 후 식사를 하고, 다시 몇십 리를 걸은 후 밤이 되면 야영지에서 쉬었습니다. 이렇게 해서 보통 45일 걸릴 곳을 3일 만에 갔습니다.

드디어 삼나무 숲이 보였는데 그 입구에는 무서운 모습을 한 홈바바의 부하가 망을 보며 서 있었습니다. 그 대단한 길가메시도 그것을 보자 약간 겁을 먹은 듯했습니다. 엔키두는 그것을 보고 우루크에서 장로들과 사람들에게 한 말을 떠올리라고 하면서 힘을 내라고 격려했습니다.

길가메시는 그 말을 듣고 용기를 내어 삼나무 숲 입구로 다가갔는데, 그 출입문에는 저주가 걸려 있어 무심코 문을 만진 길가메시는 호되게 당했습니다.

어쨌든 두 사람은 삼나무 숲으로 들어가 홈바바가 사는 안쪽을 바라보았습니다. 그러자 그곳에 닿는 길이 멀리 저편으로 이어지는 것이 보였습니다. 산에는 큰 삼나무들이 늘어서 있고, 골짜기에는 풀이 무성했습니다.

골짜기를 넘어가는 도중에 밤의 장막이 내리자 두 사람은 임시 잠자리를 마련하여 한숨 잤습니다. 그러나 한밤중에 길가메시는 불길한 꿈을 꾸고 일어나 그것을 엔키두에게 이야기했습니다. 길가메시는 불길한 꿈을 세 번이나 꾸었습니다. 그것은 산이 갑자기 무너져 내리거나 하늘과 땅이 울리고 죽음과 같은 차가운 비가 내리거나 불이 타오르는 꿈이었습니다.

엔키두는 조용히 길가메시의 불길한 꿈(그것은 사실 향후의 엔키두의 운명을 암시하는 것이었습니다) 이야기를 듣고 그것을 좋은 것으로 해석하며 길가메시를 격려했습니다. 그리고 두 사람은 숲의 더 깊숙한 곳으로 들어갔습니다. 길가메시는 무거운 도끼로 삼나무를 베어 쓰러뜨리며 길을 헤쳐나갔습니다.

드디어 숲의 가장 안쪽 부분에 도착하자 괴물 훔바바가 화가 나 외쳤습니다.

"누가 왔느냐? 그리고 누가 내 산에 있는 나무를 베어 쓰러뜨린 거냐?"

길가메시와 엔키두는 두 사람의 수호신인 태양신 샤마시에게 기도를 드리고 도움을 청했습니다.

샤마시는 하늘에서 두 사람을 향해 말했습니다.

"두려워하지 마라. 내가 도울 테니 훔바바에게 다가가라."

그러자 하늘에서 거센 바람이 일어 훔바바를 향해 불어왔습니다.

그것은 차가운 바람, 거센 바람, 뜨거운 바람 등 8개의 바람이었습니다.

홈바바는 눈을 뜰 수가 없어서 앞으로 나아갈 수도 되돌아갈 수도 없었습니다.

홈바바는 길가메시에게 말했습니다.

"길가메시여, 나를 살려준다면 너의 신하가 되겠다. 이 삼나무 숲을 베어 너의 집을 지어주겠다."

그러나 엔키두는 길가메시에게 그 말에 현혹되지 말라고 말했습니다.

길가메시는 엔키두의 말을 받아들여 도끼를 손에 쥐고 홈바바의 목을 쳤습니다. 그러자 홈바바는 세 번째에 결국 쓰러졌습니다.

그러자 2베르(1베르는 약 2시간, 또는 그동안에 나아가는 거리)나 되는 넓이에 걸쳐 삼나무 숲은 술렁였고, 그 외치는 소리는 사리아와 라브난산에 울려 퍼졌습니다.

두 사람은 홈바바의 수하들을 무찌르고 큰 삼나무를 베어 유프라테스강의 강가로 끌고 갔습니다.

이렇게 해서 두 사람은 의기양양하게 우루크성으로 돌아올 수 있었습니다.

우루크 사람들의 환영을 받으며 성내로 들어간 길가메시는 몸의 더러움을 씻어내고, 머리를 정돈하고, 망토를 걸치고, 허리끈을 매고, 관을 머리에 얹고, 옷매무새를 가다듬었습니다. 길가메시는 최고로 의기양양한 상태였습니다.

우루크의 에안나 신전에는 사랑과 미의 여신 이시타르가 살고 있었는데, 길가메시가 원정에서 돌아왔다는 것을 듣고는 궁전으로 찾아갔습니다. 훌륭한 길가메시의 모습을 보고 마음속으로 그를 사랑스럽다고 여겼습니다.

여신 이시타르는 길가메시에게 말했습니다.

"길가메시여, 나에게로 와서 나의 남편이 되어주세요. 그렇게 하면 나는 당신에게 라피스라즐리와 황금으로 장식한 이륜차를 드리겠어요. 또한 삼나무로 지은 집도 드릴게요. 산과 들판이 낳은 것을, 산양과 양과 훌륭한 말과 소를 드릴게요."

그러나 길가메시는 여신 이시타르의 제안을 받아들이지 않고 말했습니다.

"당신을 아내로 맞이하기 위해 나는 무엇을 드리면 좋을까요? 당신은 인간에게 상처만 주지 않나요? 당신의 사랑은 얼마나 오랫동안 지속되었나요? 당신이 젊었을 때 사랑했던 탐무즈는 나중에는 매년 고통으로 신음하지 않았습니까? 당신은 얼룩무늬의 양 치는 새를 사랑한 적이 있었는데 나중에는 그 새의 날개를 찢어버려 이 새는 지금도 자주 '나의 날개여(카츠비)'라며 울고 있어요. 당신은 사자를 사랑한 적이 있지만 나중에는 그 사랑 때문에 구덩이를 팠어요. 키우는 말을 사랑한 적이 있지만 나중에 그 때문에 채찍을 마련하고 흙탕물을 마시게 했습니다. 당신은 목자를 사랑한 적이 있지만 나중에는 그를 때리고 늑대로 그 모습을 바꿔버렸잖아요. 당신은 아버지의 정원지기 이슈라누를 사랑하려고 했으나 이슈라누가 이를 거부하자 그를 때리고 두더지로 그 모습을 바꿔버렸어요. 그러니까 당신이 나를 사랑한다고 해도 나에게는 틀림없이 그들과 똑같은 운명이 기다리고 있을 거예요."

이 말을 들은 여신 이시타르는 열화와 같이 화를 내며 천상으로 올라가 아버지 신 아누에게 말했습니다.

"나의 아버지여, 길가메시가 나를 모욕했습니다. 제가 지금까지 한 일을 열거했어요."

"그것은 네 탓이 아니냐? 네가 이따금 멍청한 짓을 했기 때문이지."

여신 이시타르는 승복하지 않고 더욱 화를 내며 아버지 신 아누에게 말했습니다.

"나의 아버지여, 저를 위해 하늘에 사는 황소('하늘소')를 만들어주세요. 그것으로 길가메시를 없애고 싶어요. 만약 나를 위해 '하늘소'를 만들어주시지 않으면 저는 죽은 자들이 사는 세계의 문을 열어 죽은 자들을 소생시켜 죽은 자가 산 자보다 많아지게 할 거예요."

아누 신은 이시타르에게 말했습니다.

"만약 네가 말한 대로 하면 7년간 흉작이 찾아와 사람들은 기아로 고통받게 될 것이다."

이시타르는 아누 신에게 말했습니다.

"저는 그것을 고려해서 사람들을 위해 곡물을 비축하고 짐승들을 위해서 풀을 준비해뒀어요."

그러자 아누 신은 할 수 없이 거대한 '하늘소'를 만들어주었는데, 이것은 하늘의 12궁 중 '황소자리'에서 끌어내린 것이라고도 합니다.

'하늘소'는 지상으로 내려와 콧숨을 거칠게 내쉬며 우루크 성내에 있던 길가메시와 엔키두에게 덤벼들었습니다.

잠시 길가메시와 힘겨루기를 한 후, '하늘소'는 엔키두에게 덤벼들었습니다. '하늘소'는 입에서 거품을 내뿜고 꼬리를 거칠게 흔들며 뿔을 엔키두에게 향한 채 돌진했습니다. 그러나 엔키두는 그 뿔을 잡고 검으로 찔러 이것을 쓰러뜨렸습니다.

그리고 그는 '하늘소'의 심장을 꺼내어 수호신인 태양신 샤마시에게 바친 후, 두 사람이 나란히 앉아 샤마시에게 예배를 드렸습니다.

여신 이시타르는 미친 듯이 분노하며 우루크의 성벽으로 올라가 길가메시와 엔키두에게 저주를 퍼부었습니다.

"나를 모욕하고 '하늘소'를 죽인 자들은 저주를 받아라."

엔키두는 이시타르의 이 말을 듣고 '하늘소'의 허벅지를 찢어 여신의 머리를 향해 던졌습니다.

이시타르는 자신의 여관들을 불러 비탄의 목소리를 높였습니다.

길가메시와 엔키두가 무기를 만드는 장인과 사람들을 불러 모아 '하늘소'의 뿔을 보여주자 모두 그 크기에 깜짝 놀랐습니다. 그 뿔 안에는 6쿠르(1쿠르는 약 42ℓ, 즉 250ℓ)의 기름이 들어 있어서 길가메시는 이것을 그의 수호신인 루갈반다 신에게 바치고 뿔은 자신의 거대한 침실로 옮겨 천장에 매달아놓았습니다.

그리고 길가메시와 엔키두는 잘 차려입고 우루크 거리를 행진했습니다.

길가메시가 사람들에게 "영웅 중에서 누가 가장 훌륭한가?"라고 묻자 어떤 이는 "길가메시야말로 영웅 중에서 가장 훌륭합니다"라고 답하고, 또 어떤 이는 "엔키두야말로 인간들 중에서 가장 훌륭합니다" 하고 답했습니다.

길가메시는 궁전에서 축제를 열어 유쾌하게 시간을 보낸 후 궁전 침실로 들어갔습니다.

그 밤중에 엔키두는 갑자기 일어나 가까이에 있는 길가메시를 깨우며 말했습니다.

"나의 친구여, 나는 큰 신들이 회의를 하고 있는 꿈을 꿨어. 거기에는 아누 신, 엔릴 신, 에아 신, 샤마시 신이 모여 있었지. 먼저 아누 신이 말했어. '그들은 하늘소를 죽이고 삼나무 산을 황폐화시켜 훔바바를 죽였기 때문에 머지않아 누군가 한 명이 죽어야 해.' 그러자 엔릴 신이 말했지. '엔키두가 죽어야 해. 길가메시는 죽어서는 안 돼.' 다음으로 샤마시 신이 말했어. '그들은 나의 명령에 따라 하늘소와 훔바바를 죽였어. 그런데 죽어야 하나?' 그러자 엔릴 신이 화를 내며 '어째서 당신은 그들 편을 들지?'라고 했어."

길가메시에게 꿈 이야기를 한 뒤 엔키두는 병에 걸려 날이 갈수록 쇠약해졌습니다.

길가메시는 폭포처럼 눈물을 흘리며 말했습니다.

"사랑하는 형제여, 어째서 너는 죽어야 하고 나는 무사한가. 내 형제를 내 눈으로 다시 보지 못하고 죽은 자의 영혼의 문에 앉아 있어야 하는가."

엔키두는 헛소리를 하는 것처럼 말했습니다.

"나는 삼나무 숲 입구까지 가서 키가 큰 삼나무를 봤는데 그 입구는 나에게 재앙이었어. 나를 우루크로 데리고 온 궁녀는 재앙이었어. 나는 너를 저주할 거야."

하늘의 샤마시 신은 엔키두의 말을 듣고 그에게 말했습니다.

"엔키두여, 어째서 너는 궁녀를 저주하느냐? 그녀는 너에게 신에 걸맞은 빵을 먹는 것, 왕에 걸맞은 술을 마시는 것, 훌륭한 옷을 입는 것을 가르쳐주지 않았느냐. 그리고 너에게 좋은 친구 길가메시를 선사해주지 않았느냐. 너는 지금 친구인 길가메시 덕분에 훌륭한 침대에 누워 있고 그는 그 옆에 앉아 있지 않느냐. 길가메시 덕분에 우루크인들은 너에 대한 슬픔으로 애통해하고 있는 것이다."

엔키두는 태양신 샤마시의 이 말을 듣고 마음의 안정을 되찾았습니다.

다음 날 밤, 엔키두는 또 꿈을 꿨고, 다음 날 아침이 되자 그를 지켜보는 길가메시에게 그것을 이야기했습니다.

"친구여, 나는 또 불길한 꿈을 꾸었어. 하늘이 술렁이고 땅도 소리를 내고 있었지. 독수리 발톱처럼 생긴 발톱을 가진 저승의 파수꾼이 나에게 달려들어 내 손도 마치 새의 손처럼 변해버렸어. 그는 나를 저승의 여왕 일칼라의 거처인 '암흑의 집'이라는 곳으로 데려갔어. 그곳은 들어간 자는 나올 수 없고 걸어 들어간 자는 돌아올 수 없는 곳으로, 그곳에 사는 자는 빛을 빼앗기고, 음식으로 먼지와 점토를 먹고, 새처럼 날개가 달린 옷을 입는 곳이지.

내가 들어간 '먼지의 집'에는 늙거나 젊은 신관들과 주술사, 하인들이 살고 있었어. 매를 타고 천상으로 간 키시의 왕 에타나와 가축의 신 사무콴의 모습도 보였어.

저승의 여왕 에레시키갈 앞에는 저승의 기록을 맡은 베리트세리가 서판을 들고 인간들의 운명을 읽고 있었어."

엔키두의 몸은 날이 갈수록 허약해져 12일째에 마침내 숨이 끊어졌습니다.

12일째 밤이 지나고 날이 밝자 친구인 엔키두의 죽음을 안 길가메시는 폭포처럼 눈물을 흘리며 비탄에 잠겼습니다.

"들어라 장로들이여, 나에게 귀를 기울여라. 나는 나의 친구 엔키두를 향해 훌쩍이며 격렬하게 울부짖는다. 나의 친구를 악귀가 나에게서 빼앗아갔다. 우리 두 사람은 모든 토지를 정복하고, '하늘소'를 죽이고, 삼나무 숲의 훔바바를 정벌했다. 그러나 지금 너는 어둠 속에 있으니 나의 목소리도 들리지 않겠구나."

길가메시는 친구 엔키두의 가슴에 손을 대어보았으나 그의 심장은 뛰지 않았습니다. 그는 친구의 시신에 얇은 천을 덮고 목소리를 높여 눈물을 흘리며 머리카락을 쥐어뜯고 몸에 두른 것을 찢어버렸습니다.

밤이 완전히 밝자 길가메시는 에람마크 나무로 만든 판자와 루비, 그리고 라피스라즐리로 만든 관을 엔키두의 시신 앞으로 옮긴 후, 관에는 꿀과 버터를 가득 넣어 친구에게 바쳤습니다.

엔키두의 시신을 매장한 후, 길가메시는 '불사의 생명'을 찾아 여행을 떠나기로 마음먹었습니다. 아주 멀리, 땅 저편에 불사의 생명을 얻은 자가 있다는 이야기를 듣고 그 사람을 찾아가 불사의 비밀을 알아내는 것이 여행의 목적이었습니다.

친구 엔키두의 죽음은 단지 친구를 잃었다는 고통만이 아니라 인간은 결국 죽어야 하나?라는 죽음에 대한 두려움을 길가메시의 마음에 심어주었던 것입니다.

길가메시는 들판을 헤매면서 누구라고 할 것 없이 모두에게 말했습니다.

"나도 언젠가는 엔키두처럼 죽어야 하는가.

내 마음은 슬픔으로 가득 찼다. 나는 죽음이 두렵다."

길가메시는 들판을 가로질러 산골짜기로 나아갔습니다. 목적지는 영원한 생명을 얻었다는 사람, 즉 우바라 투투의 아들 우트나피시팀이었습니다.

산기슭에서는 사자를 보고 떨면서 달의 신인 신에게 필사적으로 기도를 드렸습니다.

신은 길가메시의 기도를 듣고 그에게 답을 했고, 그는 힘이 용솟음치는 것을 느끼고 칼을 빼들었습니다. 그러고는 사자를 향해 돌진해 승리를 거뒀습니다.

다음으로 길가메시는 쌍둥이 산 마슈에 도착했습니다. 그 산기

숲에는 지하로 가는 입구가 있는데 그 일부는 저승과 통해 있었습니다.

그 입구에는 무서운 모습을 한 전갈인간이 있었는데 그는 주변을 감시하고 있었습니다.

길가메시는 전갈인간을 보고 공포로 얼굴이 새파랗게 질려버렸습니다.

전갈인간은 아내를 향해 말했습니다.

"저쪽에서 오는 자는 신과 같은 몸을 하고 있어."

전갈인간의 아내는 남편을 향해 말했습니다.

"그는 3분의 2는 신, 3분의 1은 인간이에요."

전갈인간은 길가메시에게 말했습니다.

"너는 어째서 이렇게 먼 길을 여행하고 있느냐? 건너기 어려운 바다를 건너면서까지 네가 이곳에 온 목적은 무엇이냐?"

"불사의 생명을 얻은 우트나피시팀을 만나기 위해서다. 생과 사에 대해서 나는 우트나피시팀에게 묻고 싶다."

전갈인간이 말하기를,

"길가메시여, 지금까지 그것을 이룬 자는 아무도 없다. 이 산을 넘은 자는 아무도 없어. 이 지하도의 어둠은 깊고 빛은 전혀 없어."

길가메시가 말하기를,

"슬픔과 고통이 있을지언정, 추위와 더위가 있을지언정, 한숨과 눈물이 있을지언정, 나는 가고 싶다. 자, 산의 지하도 입구를 열어주시오."

전갈인간은 길가메시에게 말했습니다.

"가거라, 길가메시여. 마슈산을 넘도록 허락하겠다. 건강하게 돌아오거라. 산의 입구는 너를 위해 열릴 것이다."

길가메시는 전갈인간의 말에 감사하며 지하도의 태양의 길로 들어갔습니다.

길가메시는 암흑의 길을 앞으로 나아갔습니다. 1베르, 2베르, 3베르, 4베르, 5베르, 6베르, 7베르, 8베르, 9베르, 10베르.

11베르가 지나자 태양 빛이 비치기 시작했습니다.

12베르가 지나자 그곳은 태양 빛이 넘쳐흘렀습니다.

지하도의 출구 밖에는 루비와 라피스라즐리 나무들이 늘어서 있고, 그곳에는 포도 열매와 다른 과일도 열려 있었습니다.

그곳은 바다에 가까운 낙원이었습니다. 길가메시가 앞으로 나아가자 저편에 돌로 된 건물이 나타났고, 그 건물의 작은 창문을 통해 이쪽을 보고 있는 부인의 얼굴이 보였습니다. 이 건물은 손님에게 포도주를 제공하는 가게였습니다.

길가메시는 건물로 다가가 부인에게 문을 열어달라고 부탁했습니다. 부인은 길가메시의 피곤한 얼굴을 보고 문을 열었습니다.

길가메시는 포도주 가게의 여주인 시두리에게 친구 엔키두가 죽어서 불사의 생명을 찾아 여행하고 있다는 이야기를 했습니다.

길가메시가 말하기를,

"나와 함께 온갖 고난을 겪은, 내가 진정으로 사랑하는 친구 엔키두는 인간의 숙명을 향해 떠났어. 혹시 내 친구가 내가 한탄하는 소리에 답하여 자리에서 일어나주지 않을까 하고 7일 낮과 7일 밤을 곁에서 지키고 있었는데 그는 일어나지 못했지. 결국 그의 얼굴에서 벌레가 넘치기 시작해서 나는 그의 시신을 무덤으로 옮겼지. 나는 사냥꾼처럼 들판을 헤매며 생명을 찾으려 했어. 여주인이여, 내가 두려워하는 죽음을 보지 않기 위해서는 어떻게 하면 좋을까?"

여주인 시두리가 말하기를,

"길가메시여, 당신은 어디까지 헤매고 갈 건가요? 당신이 찾는 생명은 찾을 수 없을 거예요. 신들이 인간을 만들 때 생명은 자신의 손안에 두고 인간에게는 죽음을 나눠줬어요. 길가메시여, 당신은 당신의 배를 채우세요. 낮에도 밤에도 춤추며 즐기세요. 매일 향연을 여세요. 의복을 깨끗하게 하고, 머리를 감고, 목욕을 하세요. 당신의 손에 잡히는 아이들을 귀여워하고, 당신의 가슴에 안긴 아내를 기쁘게 하세요. 그것이 인간이 해야 할 일이기 때문입니다."

그러나 길가메시는 결심을 바꾸지 않았습니다. 그는 우바라 투투의 아들 우트나피시팀이 사는 장소를 찾아갔습니다. 그것은 '죽음의 바다' 저편의 두 개의 강이 만나는 곳이었습니다.

길가메시는 '죽음의 바다' 근처에 도착하여 그곳에서 건널 배를 찾았습니다. 그 뱃사공은 우르샤나비라는 이름으로 우트나피시팀을 모시고 있었습니다. 배에는 수호신의 석상이 놓여 있었습니다. 우르샤나비는 길가메시에게 숲으로 가서 긴 노가 될 만한 나무를 많이 베어와달라고 부탁했습니다. '죽음의 바다'에서는 노를 금방

못 쓰게 되어 계속 새것으로 바꿔야 했던 것입니다. 뱃사공은 120개의 노를 사용해서 겨우 우트나피시팀이 있는 곳에 도착했습니다.

우트나피시팀은 아내와 함께 영원한 생명을 얻어 이곳에서 멀리 떨어진 두 개의 강이 만나는 곳에서 살고 있었습니다.

길가메시는 우트나피시팀에게 말했습니다.

"우트나피시팀이여, 당신은 약해 보이니 나와 별반 다르지 않군요. 당신은 힘이 센 영웅일 것이라고 생각했는데 그곳에서 하릴없이 앉아만 있네요. 어떻게 영원한 생명을 얻어 신들의 모임에 참가하게 되었는지 말해주세요."

우트나피시팀이 길가메시에게 말하기를,

"길가메시여, 너에게 비밀을 알려주마. 이것은 신들의 비밀이기도 하다. 유프라테스의 흐름을 따라 만들어진 슈루파크는 너도 알다시피 오래된 마을인데 거기에는 신들과 인간이 살고 있었다. 그러나 언제인가 위대한 신들은 홍수를 일으켜 이 마을을 멸망시키기로 했다. 그곳에 있던 신들은 아버지 신 아누, 조언자 엔릴, 대표자 닌우루타, 수로 감독 엔누기, 그리고 지혜의 신 에아였다. 인간의 편인 에아가 내가 사는 갈대로 만든 오두막을 향해 이 사실을 알려주셨다. 그리고는 '슈루파크 사람, 우마라 투투의 아들이여, 집을 부수고 배를 만들어라. 물건들은 포기하고 너의 목숨을 구해라. 모든 생물의 종자를 배에 실어라. 네가 만들어야 할 그 배는 정해진 치수대로 만들어야 한다. 정면의 폭과 그 길이는 똑같아야 한다'라는 말도 해주었다.

나는 이 말을 듣고 에아 신에게 말했지.

'나의 주인이시여, 당신이 말씀하신 것을 삼가 받들겠습니다. 그러나 마을 사람들에게는 어떻게 설명하면 좋겠습니까?'

에아가 말하기를,

'그들에게 말해라. 저는 엔릴 신의 눈 밖에 나서 압주로 가서 에아 신과 함께 살기로 했어요. 여러분에게는 엔릴 신의 자비가 있겠지요.'

나는 친족을 모아 명령대로 방주를 만들기 시작했지.

어른들은 목재를 운반하고 아이들은 물이 새는 것을 막기 위해 바르는 역청(천연 아스팔트)을 운반했어.

5일째에는 그 골조가 완성되었는데 그 표면적은 1이쿠(1이쿠는 약 3,600㎡)로, 그것에 사방 높이는 각각 10가르(1가르는 약 6m), 그것에 6개의 덮는 판을 붙이고 내부는 7개의 장소로, 바닥은 9개로 나눠서 한가운데에 나무로 된 마개를 꽂았어. 그러고는 배의 중앙에 돛대를 세우고 많은 역청을 쏟아 부었지. 매일 소와 양을 죽이고 포도주를 대접했어. 7일째에 방주가 완성되어 나는 물건을 전부 이곳에 넣고 친족들과 들판의 짐승들, 그리고 장인들을 방주에 태웠어.

이튿날 아침, 태양신 샤마시는 비를 내리기 시작했어.

날씨가 어찌 될지 바라보고 있는데 날씨는 더욱 나빠졌지. 나는 방주로 들어와 입구를 막았어. 해가 날 무렵 하늘 끝에서는 검은 구름이 피어올랐어. 날씨의 신 아다드는 그 한가운데에서 번개를 치고, 폭풍이 올 것을 선고하는 사자인 슐라트와 하니시는 가장 먼저 앞으로 나아갔어. 저승의 신 에루라갈은 미쳐 날뛰며 돛대를 쓰러뜨렸고, 니누르타 신은 수로가 넘치게 했지. 신들의 모임인 아눈나키는 불로 국토를 태웠고, 그곳은 그 빛으로 벌겋게 타올랐어.

하루 종일 폭풍이 휘몰아쳐서 마치 전쟁 같았어. 사람들은 서로를 알아보지 못하고, 신들은 서둘러 하늘로 올라가 개처럼 움츠리고 몸을 숨겼지.

여신 이시타르가 소리쳤어.

'보아라. 오래된 나날들이 이미 점토가 되어버렸다. 신들의 모임에서 내가 안 좋은 말을 했기 때문이다. 인간을 멸망시킬 전쟁에 대해 말했기 때문이다. 이런 나야말로 인간들을 낳아 바다의 물고기가 산란한 것처럼 그 수를 늘려왔는데.'

여신은 울고, 마음이 침울해진 신들도 눈물을 흘렸어.

6일 낮과 6일 밤에 걸쳐 바람과 홍수가 밀려오고 태풍이 국토를 황폐화시켰어.

7일째가 되자 홍수의 물결은 싸움에서 졌지.

비는 진정되고, 폭풍은 잠잠해지고, 홍수로 불어난 물이 빠졌어. 하늘은 잠잠해지고 모든 인간은 점토로 변해버렸어.

내가 방주의 덮개를 열자 빛이 들어왔어. 나는 앉아서 울었지.

바다 저편에 육지가 보였어. 12개의 장소에 육지가 나타났어. 방주는 니시르산에 멈추고 1일, 2일, 3일, 4일, 5일, 6일이 지났어.

7일째가 되자 나는 비둘기를 놓아주었어. 비둘기는 날아갔으나 쉴 곳이 없어서 다시 돌아왔지. 다음으로 나는 제비를 놓아주었어. 제비는 날아갔으나 쉴 곳이 없어서 다시 돌아왔지. 다음으로 나는 큰 까마귀를 놓아주었어. 큰 까마귀는 날아올라 물이 빠진 것을 보고 뭔가를 먹었지. 그 후 빙빙 돌더니 까악까악 하고 울고 나서 다시 돌아오지 않았어.

그래서 나는 모든 새를 놓아주고 신들에게 제물을 바치고 신주(神酒)를 따랐어.

신들은 그 향기를 맡고는 파리 떼처럼 모여들었지. 여신 이시타르도 찾아와 말했어.

'이날들을 가슴에 새기고 절대 잊지 않을 것이다. 신들이여, 제물이 있는 쪽으로 오시오. 엔릴 신은 제물 쪽으로 와서는 안 된다. 그는 생각 없이 홍수를 일으키고 우리 인간들을 파멸시켰기 때문이다.'

엔릴 신은 방주를 보고 화를 내며 말했어.

'생물들이 살아남았는가. 하나도 살아 있어서는 안 되는 것을.'

니누르타 신이 엔릴 신에게 말하기를,

'에아 이외에 누가 그런 짓을 꾸몄겠는가. 에아는 모든 것을 알고 있었으니까.'

에아가 엔릴에게 말하기를,

'신들의 주인인 당신은 왜 아무 생각 없이 홍수를 일으켰는가. 홍수 대신에 사자, 늑대, 기근, 페스트로도 인간들에게는 충분했거늘. 그리고 신들의 비밀을 폭로한 것은 내가 아니다. 현명한 자(우트

나피시팀)에게 꿈을 꾸게 한 것만으로 그는 신들의 비밀을 알게 되었다. 지금은 그에게 조언을 해야 한다.'

엔릴 신은 납득하고 방주로 들어와 나의 손을 잡고 축복하며 말했어.

'지금까지 우트나피시팀은 인간이었다. 지금부터 우트나피시팀과 그의 아내는 우리 신들처럼 될 것이다. 우트나피시팀은 저 멀리 있는 땅, 두 개의 강이 만나는 곳에서 살도록 해라.'

이렇게 해서 나는 이 두 개의 강이 만나는 곳에서 살게 되었어.

그러나 길가메시여, 너를 위해 신들이 모이겠느냐? 영원한 생명을 구한다고 하는데, 너는 6일 낮과 6일 밤을 자지 않고 견딜 수 있겠느냐?"

우트나피시팀의 이야기를 듣고 길가메시는 이 말과 함께 졸음이 쏟아져 자기 시작했습니다.

우트나피시팀은 그의 아내에게 말했습니다.

"영원한 생명을 구하는 이 영웅도 졸음은 이길 수 없구나."

우트나피시팀의 아내가 말했습니다.

"이 사람을 깨워 고국으로 무사히 돌아갈 수 있도록 해줍시다."

우트나피시팀은 길가메시가 잠든 날짜를 알 수 있도록 아내에게 빵을 만들게 해서 매일 그것을 길가메시의 베갯머리에 놓아두게 했습니다.

6일이 지나자, 첫 번째 빵은 완전히 썩어버렸고, 두 번째 빵은 상태가 나빠지고, 세 번째 빵은 눅눅해지고, 네 번째 빵은 껍질이 하얘지고, 다섯 번째 빵은 색이 변하고, 여섯 번째 빵만 갓 구운 상태였습니다.

우트나피시팀이 길가메시를 깨우자 길가메시는 말했습니다.

"왠지 졸려서 한숨 잤어요."

우트나피시팀은 베갯머리의 빵을 길가메시에게 가리키며 잠자기 시작한 지 6일이 지났다는 것을 알려줬습니다.

길가메시는 깜짝 놀라 죽음이 가까이 있다고 느끼고 공포에 휩싸였습니다.

우트나피시팀은 길가메시가 무사히 고국으로 돌아갈 수 있도록 축복한 후, 뱃사공 우르샤나비에게 명해서 길가메시의 몸을 닦고 새로운 옷을 입게 했습니다.

우트나피시팀의 아내는 남편에게 말했습니다.

"길가메시는 아득히 먼 곳에서 고생하며 여기까지 왔어요. 뭔가 선물을 줘야 해요."

그러자 우트나피시팀은 길가메시에게 말했습니다.

"길가메시여, 너는 고생하며 여기까지 왔으니 비밀을 하나 알려주마. 바다에 가면 인간이 생명을 새로 얻을 수 있는 불로초가 있다. 네가 이 풀을 손에 넣는다면 너는 새 생명을 얻을 수 있을 것이다."

길가메시는 이 말을 듣고 기뻐하며 그 장소로 갔습니다. 그러고는 무거운 돌을 양다리에 묶고 물속으로 뛰어들었습니다. 그 풀은

장미처럼 가시를 가지고 있어 그의 손을 찔렀으나 그는 곧장 양다리에 묶어놓은 돌들을 떼어내고 그 풀을 가지고 수면 위로 올라왔습니다.

길가메시는 이 특별한 풀을 손에 넣은 것에 만족하며 우루크까지 함께 가기로 한 뱃사공 우르샤나비와 20베르 정도 간 후 식사를 했습니다. 그리고 30베르를 간 후 밤을 보낼 준비를 했습니다.

그곳에서 차가운 물이 솟아오르는 샘을 본 길가메시는 샘으로 내려가 목욕을 했습니다.

그때 뱀이 다가와 길가메시가 바다에서 따온 소중한 풀을 먹어버리고는 허물을 남긴 채 사라져버렸습니다.

길가메시는 앉아서 눈물을 흘리며 말했습니다.

"우르샤나비여, 누구를 위해 내 손이 부러졌는가. 내 마음의 피는 누구를 위해 쓰였는가. 내 자신은 아무런 은혜를 받지 못했다."

길가메시는 뱃사공 우르샤나비와 함께 고국 우루크의 성으로 돌아갔습니다. 그 후 그는 나라의 끝까지 가서 모든 것을 보고 온 사람, 모든 것을 맛보고 모든 것을 아는 사람, 아득히 먼 곳까지 여행하고 피곤에 절어 돌아온 사람으로 우루크 사람들과 그 자손들에게 전해졌습니다.

수메르의 길가메시 신화 I·II

아카드의 『길가메시 서사시』는 수메르인이 단편적으로 남긴 길가메시 신화를 훌륭하게 정리한 것입니다. 수메르의 길가메시 신화는 「대홍수 이야기의 단편」을 포함해서 불과 5, 6점만이 남아 있습니다. 그것은 「길가메시와 산 자의 나라」(본문에서 II로 수록했습니다), 「길가메시와 하늘의 목우」, 「길가메시의 죽음」, 「길가메시와 아가」 및 아카드어판 『길가메시 서사시』 제12서판(앞 장에서 번역되지 않은 부분)과 그것을 보충하는 부분에 해당하는 「길가메시와 엔키두와 지하계」(본문에서 I로 수록했습니다)입니다. 이들 중에 「길가메시와 아가」는 신화라기보다는 역사적 사실을 이야기하고 있고, 「길가메시와 하늘의 목우」와 「길가메시의 죽음」은 매우 단편적이어서 번역하기가 쉽지 않습니다.

이러한 사정 때문에 이들 중에서 두 편만 소개하겠으나 이것도 원문은 상당히 알기 어려운 부분이 있습니다.

I. 길가메시와 엔키두와 지하계 ────

하늘이 땅에서 멀어진 후
땅이 하늘과 갈라진 후

인간의 이름이 만들어진 후

안이 하늘을 지배한 후
엔릴이 땅을 지배한 후

즉, 하늘과 땅이 생기고 인간이 만들어지고 안이 하늘의 신, 엔릴이 땅의 신이 되어 얼마 지나지 않았을 때 브라눈(유프라테스) 부근에 한 그루의 훌루푸나무(버드나무)가 자라났습니다. 그것은 브라눈의 강물 덕분에 훌륭하게 성장했습니다.

그러나 어느 날 남풍이 심하게 불어 이 훌루푸나무는 뿌리째 뽑혀 쓰러졌습니다. 브라눈은 물이 넘쳐 홍수가 발생했고, 쓰러진 훌루푸나무는 수면 위로 떠서 떠내려갔습니다.

여신 인안나가 브라눈 강변에 서서 문득 강물을 바라보니 훌륭한 훌루푸나무가 떠내려가고 있었습니다. 이것을 건져 올려 그녀의 신전이 있는 우루크로 옮기고 '신성한 정원'에 이것을 심었습니다.

여신 인안나는 이 나무를 소중히 키웠는데, 그 이유는 그녀가 이 목재로 그녀의 의자와 침대를 만들려고 생각했기 때문입니다.

몇 년이 지난 후 훌루푸나무는 더욱 훌륭하게 자랐습니다. 그러나 여신 인안나는 이 나무를 베어버릴 수 없다는 사실을 깨달았습니다. 왜냐하면 이 나무의 뿌리에는 뱀이 둥지를 만들고, 나뭇가지에는 새 주(폭풍의 새, 132쪽 아카드의 '괴물새 주' 참조)가 아기 새를 키우고 있고, 심지어 나무 중간에는 마녀 리리스가 살고 있었기 때문입니다.

여신 인안나는 슬퍼서 눈물을 뚝뚝 흘렸습니다. 그리고 다음 날이 되어 해가 뜨자 그녀는 형제인 태양의 신 우투의 방을 찾아가 눈물을 흘리며 훌루푸나무에 대한 전말을 이야기하고 도와달라고 요청했습니다.

한편 우루크의 성주이자 영웅인 길가메시는 여신 인안나가 곤란해한다는 이야기를 듣고 곧바로 돕겠다고 나섰습니다.

길가메시는 무게가 50무나나 나가는 갑옷을 입고 7빌투 7무나나 되는 도끼를 들고는 먼저 뿌리 쪽에 둥지를 튼 뱀을 죽여버렸습니다. 새 주는 아기 새를 데리고 산으로 도망쳤고, 마녀 리리스는 자신의 거처를 파괴한 후 사막으로 도망쳤습니다. 사막이야말로 원래 이 마녀의 거처였습니다.

길가메시의 부하들은 훌루푸나무를 베어버렸고, 여신 인안나는 이것으로 훌륭한 의자와 침대를 만들 수 있었습니다.

여신 인안나는 길가메시의 활약에 보답하기로 마음먹고 베어버린 훌루푸나무의 뿌리에서 푸쿠라는 것과 미쿠라는 것을 만들었습니다(이것은 큰 북과 북채라고 추측하고 있습니다).

*

길가메시는 기뻐하며 이것을 받고 우루크의 젊은이들을 모아 연회를 열었는데 이때 푸쿠와 미쿠를 십분 활용했습니다. 그러나 무슨 연유인지 이 미쿠와 푸쿠가 대지의 틈을 통해 지하계로 떨어지고 말았습니다. 원문에서는 '젊은 아가씨들이 외치는 소리 때문'이라고 되어 있는데, 그래서 푸쿠와 미쿠를 사용하던 젊은이가 흥분해서 뛰어다니다가 엉겁결에 위험한 장소에 다가갔을지도 모르겠습니다. 이상의 이야기는 수메르어판에만 남아 있는데, 이하의 부분은 수메르어판과 함께『길가메시 서사시』제12서판으로 아카드어판에도 남아 있습니다.

길가메시는 여신 인안나에게서 받은 소중한 선물이 지하계에 떨어진 것을 매우 한탄하며,

"나의 푸쿠여, 누군가 이것을 지하계에서 가져올 자는 없는가? 나의 미쿠여, 누군가 이것을 지하계에서 가져올 자는 없는가?"

그러자 길가메시의 친구이자 그의 조수인 엔키두가 주인의 말을 듣고 말하기를,

"주인이시여, 왜 울부짖고 있나요? 왜 슬퍼하나요? 그 푸쿠를 제가 지하계에서 가져오겠습니다. 그 미쿠를 제가 지하계에서 가져오겠습니다."

길가메시는 엔키두의 이 말에 기뻐하며 지하계로 내려갈 때 주의해야 할 것들을 일러주었습니다. 그것은 다음과 같은 것입니다.

우선 지하계로 갈 때는 깨끗한 옷을 입어서는 안 된다.

좋은 향유를 몸에 발라서는 안 된다.

지하계에서는 창을 던져서는 안 된다.

지팡이를 들고 가서도 안 된다.

샌들을 신어서는 안 된다.

사랑하는 아내에게 키스해서는 안 된다.

사랑하는 자식에게 키스해서는 안 된다.

싫어하는 아내를 때려서는 안 된다.

싫어하는 자식을 때려서는 안 된다.

지하계에서는 큰 소리를 내어서는 안 된다. 특히 지하계에서는 벌거벗은 채로 누워 있는 니나즈 신(여왕 에레시키갈의 남편 중 한 명)의 어머니를 보고 큰 소리를 내어서는 안 된다.

길가메시는 이처럼 지하계의 금기를 하나하나 이유를 들어 자세하게 엔키두에게 일러주었는데, 산 사나이인 엔키두는 이것을 잘 듣고 있지 않았습니다. 그리고 엔키두는 지하계로 내려갈 때 깨끗한 옷을 입고, 좋은 향유를 바르고, 지팡이와 샌들을 지니고, 지하계에서 큰 소리를 내기도 했습니다.

지하계의 신은 화가 나서 지상으로 돌아갈 수 없도록 엔키두를 붙잡아두었습니다.

길가메시는 이 사실을 알고 매우 당황해하며 니푸르시의 신전으로 가서 큰 신 엔릴에게 도움을 청했습니다.

길가메시는 엔릴 신 앞에서 엔키두가 지하계로 내려가 붙잡히게 된 경위를 구구절절 이야기했으나 엔릴 신은 상대하지 않았습니다.

그러자 길가메시는 에리두시의 신전에 사는 지혜의 신 엔키에게 도움을 요청했습니다.

엔키 신은 이것을 받아들여 태양신 우투에게 부탁해 지하계에 구멍을 내었습니다.

이곳을 통해 엔키두의 그림자가 지상으로 올라왔습니다.

＊

길가메시는 친구 엔키두의 그림자(엔키두 본인은 지하계에서 영원히 갇혀 있게 되었습니다)와 재회한 것을 어쨌든 기뻐하며 지하계의 모습을 자세히 물었습니다.

그에 따르면 지상에서 열심히 살고 많은 자식을 낳은 사람이야말로 지하계에서 우대를 받는다는 것입니다. 일련의 대화를 통해 1명의 자식을 가진 자부터 7명의 자식을 가진 자까지 지하계에서의 모습에 관해 들을 수 있었습니다. 3명의 자식을 가진 자는 지하계에서도 충분한 물을 마실 수 있고, 5명의 자식을 가진 자는 좋은 서기와 같은 대우를 받고, 7명의 자식을 가진 자는 신에 가까운 자로 여긴다고 엔키두는 대답했습니다.

그에 비해 전쟁터에서 불쌍하게 죽은 자에 대해서는 다음과 같은 대화가 오고 갔습니다.

　　　　　*

길가메시: "그 시체, 들판에 있는 자를, 너는 봤어?"
엔키두: "저는 봤습니다."
길가메시: "그는 어떤 취급을 받고 있지?"
엔키두: "그의 그림자는 지하계에서 쉴 곳을 찾지 못했습니다."

　　　　　*

　수메르어판·아카드어판 모두 거의 이 부분에서 문장이 끝납니다.
　전반적으로 어둡고 음울한 지하계의 모습을 엔키두에게 들은
후, 길가메시의 마음속에는 분명히 죽음에 대한 두려움과 영원한
생명에 대한 희구가 생겼을 것입니다.

Ⅱ. 길가메시와 '산 자의 나라' ─────────

　이 수메르 신화는 아카드어판 『길가메시 서사시』제3·4·5서판의
「삼나무 숲의 괴물 훔바바 정벌」이야기의 원형으로, 스토리도 거
의 그대로입니다. 그러나 아카드어판 제3·4서판은 끊어지거나 누
락된 부분이 많아서 자세한 내용을 알 수 없습니다. 이 점을 수메
르어판으로 어느 정도 보충할 수 있습니다.

이 이야기에서 길가메시는 '산 자의 나라(수메르인이 낙원이 있는 곳이라고 여겼던 딜문을 가리킨다고도 합니다)'로 원정을 떠날 것을 결심합니다.

*

길가메시가 자신을 섬기는 친구 엔키두에게 말하기를,

"엔키두여, 나는 정해진 운명의 날이 올 때까지 내 이름을 드높이고 싶다. 그것을 위해 나는 '산 자의 나라'를 향해 떠나고 싶어."

엔키두가 답하기를,

"주인이시여, '산 자의 나라'에 들어가고자 한다면 먼저 태양신인 우투에게 그것을 상의해야만 합니다. 삼나무가 자라는 그 나라는 태양신 우투의 것이니까요."

그러자 길가메시는 어린 양 등 여러 공물을 가지고 태양신 우투가 있는 곳을 찾아가 그에게 말하기를,

"태양신 우투여, 저는 '산 자의 나라'에 가서 삼나무 숲에 들어가고 싶습니다."

우투가 길가메시에게 말하기를,

"길가메시여, 무엇 때문에 '산 자의 나라'에 들어가려고 하느냐?"

"우투여, 들어주십시오. 저는 수도에서 우연히 한 남자가 죽는 것을 보았습니다. 저는 궁전의 벽 틈으로 이것을 보며 인간의 운명을 알게 되었습니다. 저는 정해진 운명의 날이 올 때까지 제 이름을 드높이고 싶습니다. 저는 '산 자의 나라'로 가서 제 이름과 신들

의 이름을 드높이고 싶습니다."

길가메시가 눈물을 흘리며 애타게 부탁하자 태양신 우투는 내키지는 않았지만 '산 자의 나라'로 들어가는 것을 허락했습니다. 그러나 우투는 부하인 일곱 요물들에게 길가메시의 힘을 시험해보도록 했습니다. 뱀과 용과 대홍수 등의 요물들은 길가메시가 원정하는 도중에 여러 악천후가 되어 그를 덮쳤으나 길가메시와 시종인 엔키두, 그의 부하(집과 어머니가 없는 우루크의 50명의 젊은이들)들은 씩씩하게 원정을 진행하며 7개의 산을 넘었습니다.

그러나 7개의 산을 넘은 지 얼마 안 되어 길가메시는 일행을 골짜기에서 쉬도록 하고 자신도 누웠는데 깊은 잠에 빠져 장시간 동안 일어나지 못했습니다.

시종인 엔키두는 걱정이 되어 길가메시의 몸을 몇 번인가 흔들며 말하기를,

"나의 주인 길가메시여, 언제까지 여기에 누워 있을 겁니까? 모두 산기슭에서 당신이 일어나기를 기다리고 있어요."

길가메시는 엔키두가 몇 번이나 흔들고 말을 걸며 여러 번 깨우자 겨우 일어났습니다.

지금부터 무슨 일이 일어날지 몰라서 엔키두가 주저하며 원정을 계속할지를 길가메시에게 묻자 길가메시가 답하기를,

"나를 낳은 여신 닌순과 나의 아버지 루갈반다의 목숨을 걸고 나는 용감하게 싸울 때까지는 우루크로 돌아가지 않겠다. 내가 가는 곳은 '산 자의 나라'이지 우루크가 아니야."

엔키두가 다시 한번 길가메시에게 말하기를,

"나의 주인이시여, 부디 원정을 계속하시기 바랍니다. 나는 어머니에게 당신의 원정과 승전을 전하기 위해 우루크로 돌아갈 것입니다."

그러나 길가메시는 시종인 엔키두가 우루크로 돌아가는 것을 허락하지 않았고, 일행은 겨우 '산 자의 나라'의 입구에 도착했습니다. 그 삼나무 숲에는 삼나무 성이 있고 후와와라는 이름의 괴물이 그곳에서 살고 있었습니다.

길가메시는 삼나무 숲에서 7개의 삼나무를 베어 아마 망루나 사다리를 만들었겠죠. 그러고는 후와와가 사는 성으로 들어갔습니다.

모두가 대단하다고 하는 후와와도 길가메시의 계속되는 공격에 두려움을 느끼고 태양신 우투에게 도움을 구하며 길가메시에게는 살려달라고 애원했습니다.

길가메시는 일단 이것을 받아들여 후와와를 살려주려고 했으나 나중에 돌아올 보복을 우려한 엔키두의 진언에 따라 두 사람은 후와와의 목을 잘라버렸습니다.

*

그리고 두 사람은 후와와의 시체를 가지고 우루크로 돌아가 엔릴 신과 그 아내인 여신 닌릴에게 바친 것을 글 끝부분에서 간신히 읽을 수 있습니다. 여기에서 점토 서판의 설형문자는 끝납니다.

아트라하시스 신화_(아카드)

『길가메시 서사시』 제11서판에는 대홍수에 관한 이야기가 적혀
있는데 그것은 이 서사시에서는 단순한 에피소드에 불과합니다.
이 이야기를 단독으로 정리하여 완성한 것이 『아트라하시스 신화』
입니다. 아트라하시스란 아카드어로 '최고의 현자'라는 의미로, 수
메르어판 『대홍수 이야기』의 지우수드라, 『길가메시 서사시』의 우
트나피시팀, 『창세기』의 노아에 해당합니다.

*

세계가 시작될 무렵 신들이 노역을 하고 있었는데 그 일은 힘들
고 일의 양은 매우 많아서 신들의 불만은 점점 쌓이게 되었습니다.

그 무렵의 큰 신들은 다음과 같습니다.

우선, 신들의 모임인 아눈나키는 7명의 큰 신으로 이루어져 있습
니다. 왕 아누, 전사 엔릴, 인사관 니누르타, 보안관 엔누기 등입니
다. 나중에 아누는 하늘로 올라가 하늘의 신이 되고, 큰 신 중 한 명
인 엔키(지혜의 신 에아와 동일)는 지하의 심연 압주로 내려갔습니다.
엔릴에게서 많은 신들이 태어났습니다.

세계를 전부 만드는 데 40년이 걸렸습니다. 많은 신들은 매일 밤
낮으로 일을 해야 해서 결국 반역의 불길이 솟아올랐습니다.

엔릴의 자식인 신들은 땅을 파는 도구와 운반하는 도구에 불을

붙여 아눈나키의 고문인 엔릴의 신전으로 향했고, 밤이 되자 이 신전을 포위했습니다.

엔릴의 신전에서는 엔릴이 자고 있었는데 보초인 칼칼은 이를 눈치채고 재상 누스쿠를 깨워 신들의 반란을 알렸습니다.

재상 누스쿠가 이것을 보고 엔릴의 침실로 가서 말하기를,

"나의 주인이시여, 신전이 포위되었습니다. 싸움이 벌어질 것 같습니다."

엔릴은 벌떡 일어나 신전의 문을 지키게 하고 무기를 준비하도록 명했습니다.

재상 누스쿠가 엔릴 신에게 말하기를,

"나의 주인이시여, 신전을 포위하고 있는 것은 당신의 자식들입니다. 자식들을 두려워할 필요는 없습니다. 아누 신과 엔키 신을 이곳으로 오시도록 해서 상의하시지요."

그러자 엔릴 신은 곧바로 몰래 사자를 보내 아누와 엔키를 불렀고, 아눈나키의 큰 신들의 집회가 열렸습니다.

먼저 엔릴 신이 일어나 말하기를,

"신들이 나를 거스르다니 말이 되는가? 내 신전에 몰려오다니 말이 되는가?"

그러자 아누 신이 엔릴 신에게 말하기를,

"누가 먼저 반란을 일으켰는지 누스쿠가 조사해보도록 하자. 누스쿠여, 문을 열고 밖으로 나가 신들에게 인사한 후, 아눈나키의 이름으로 누가 반란을 일으키자는 말을 꺼냈는지 물어보아라."

그러자 재상 누스쿠는 문 밖으로 나가 아눈나키의 이름으로 누가 반란을 일으키자는 말을 꺼냈는지 물었습니다.

신들은 입을 모아 그것은 모든 신들로, 일이 너무 많고 힘들기 때문이라고 외쳤습니다.

누스쿠는 이 말을 듣고 원래 있던 장소로 돌아가 아눈나키의 신들에게 보고했습니다. 엔릴 신은 눈물을 흘리고 분해하며 말하길,

"위대한 아누 신이여, 신들 중 한 명을 불러 죽이십시오."

그러나 아누 신은 이에 찬성하지 않고 엔릴 신에게 말하기를,

"어째서 그들만을 탓할 수 있겠는가. 그들의 일은 너무나 많고 지나치게 힘들다. 우리들은 그들에게 지나치게 일을 시켰던 것 같다."

그리고 아눈나키의 큰 신들은 번갈아가며 의견을 내고 드디어 묘안을 생각해냈습니다. 그것은 신들 대신에 노동을 할 인간을 만드는 것이었습니다.

곧장 출산의 여신 베레트이리와 신들의 산파인 마미를 불렀고, 또한 태초의 인간인 룰루를 만들어내기 위한 지혜는 지혜의 신 엔키에게 맡겼습니다.

지혜의 신 엔키는 달의 1일, 7일, 15일에 정화 의식을 행한 후 웨일루 신을 태초의 인간 룰루의 원형으로 삼기로 했습니다. 이 신의 살과 피를 떼어내어 여신 닌투가 그것을 점토에 섞었습니다.

그리고 그들은 출산의 집으로 들어갔습니다. 여기에 14명의 출산의 여신들이 모여 웨일루 신의 살과 피를 섞은 점토를 밟아 딱딱

하게 만들었습니다. 그리고 에아 신이 이것을 향해 주문을 외운 후 점토를 14등분으로 나눠 14명의 출산의 여신에게 건넸습니다.

이 점토의 파편을 가지고 14명의 출산의 여신 중 7명은 남자를 낳고, 7명은 여자를 낳았습니다. 이렇게 해서 인간이 이 세상에 등장하게 되었습니다.

인간들은 일단 지상에 모습을 드러내자 순식간에 늘어나기 시작했습니다.

인간들은 신전을 세우고 운하를 파고 제방을 쌓고 음식을 만들어주었습니다. 그와 동시에 신들이 느끼기에 너무나 시끄럽고 소란스러워졌습니다.

신들은 결국 인간들의 소란 때문에 잠을 자는 데 방해를 받게 되었습니다. 그래서 엔릴 신을 중심으로 신들의 회의가 열려 인간들에게 벌을 내리기로 했습니다.

먼저 엔릴 신의 명령으로 날씨의 신 아다드는 비를 내리지 않았고, 바람이 거칠게 불어 땅은 건조해지고 풀과 나무는 말라버렸습니다. 논밭도 완전히 망가져 작물이 자라지 않았습니다.

그러나 물의 신 엔키는 인간들을 멸망시키는 것에 반대해서 인간들을 동정하며 가끔 물을 보내주거나 날씨의 신 아다드에게 부탁하여 비가 내리도록 했습니다. 이렇게 해서 인간들은 당장 어느 정도의 피해만 보았습니다.

그러나 신들은 잠자코 있지 않았습니다. 신들의 모임은 엔키 신을 비난하고 저주로 반대하지 못하도록 한 후, 엔키 신에게 대홍수를 일으키도록 명했습니다.

엔키 신이 말하기를

"무엇 때문에 나를 저주로 묶어두는 것입니까? 무엇 때문에 내가 대홍수를 일으켜야 합니까? 그런 것은 엔릴 신이 해야 합니다."

그러자 엔릴 신은 직접 명령을 내려 대홍수를 일으켜 인간들을 멸망시키기로 했습니다.

엔릴 신의 방식에 화가 난 엔키 신은 자신을 수호신으로 섬기는 아트라하시스의 꿈에 나타나 그에게 말하기를,

"아트라하시스여, 내가 지금부터 하는 말을 잘 들어라. 너의 갈 대로 만든 집을 부수어서 배를 만들어라. 거기에 지붕을 얹고 역청으로 굳게 해라. 그곳에 네가 가진 것을 전부 넣어서 목숨을 잃지 않도록 해라. 지금부터 7일 밤이 지나면 대홍수가 일어날 것이다."

아트라하시스는 가족들을 불러 모아 사정을 말하고 큰 배를 만들기 시작했습니다. 그것이 완성되자 동물과 새들을 옮기고 가족들을 태웠습니다.

하늘의 모양새가 변하고 날씨의 신 아다드가 번개를 치자 바람이 거세져 배는 심하게 흔들렸습니다. 강의 물이 불어나 대홍수가 일어나자 배에 탄 아트라하시스 이외의 인간들은 사라져버렸습니다.

인간을 만든 여신 닌투, 신들의 산파 마미, 그리고 출산의 여신들은 자신들이 만든 인간들이 멸망하는 것을 보고 눈물을 흘리며 탄식했습니다. 그녀들은 대홍수를 일으킨 엔릴에게 비난을 퍼부었습

니다.

한편 엔릴 신은 아트라하시스와 그 외의 생명들이 배에서 살아남았다는 사실을 알고 화가 나서 말하기를,

"아눈나키가 인간들의 멸망을 결정했는데도 살아 있는 자가 있다는 것인가?"

아누 신이 엔릴 신에게 말하기를,

"이런 짓을 엔키 신 이외에 누가 하겠는가? 내가 한 짓이 아니다."

이렇게 신들 사이에서 대화가 오고 간 후 다시 신들의 회의가 열려 인간을 늘리기로 결정했습니다. 엔릴 신이 신들의 회의에 엔키 신을 불러 말하기를,

"엔키 신이여, 여신 닌투를 불러 인간을 늘리라고 하세요. 출산의 여신들을 불러 인간들이 늘어나도록 조치를 취하도록 명하세요."

이렇게 해서 인간들은 지상에서 넘쳐나게 되었습니다.

독수리에게 구조된 왕(그리스의 길가메시 전승)

메소포타미아에서 사랑받은 길가메시의 이름은 훨씬 후대 사람인 그리스인들에게도 전해졌습니다. 여기에서는 그리스인 저술가 아이리아노스(서력으로 170년경~235년)가 『동물의 본성에 대해서』라는 책에서 길가메시에 대해서 쓴 부분을 소개하겠습니다.

*

세우에코로스가 바빌론의 왕이었을 때 칼데아인(바빌론에서 예언자였던 사람들)은 그의 딸이 낳는 아들이 할아버지의 왕국을 빼앗을 것이라고 예언했습니다.

이 일이 벌어지는 것을 두려워했던 왕은 딸을 신하인 아크리시오스에게 맡겨 엄중히 감시하게 했습니다.

그러나 운명의 신은 바빌론의 왕보다 똑똑해서 어떤 연유로 그렇게 되었는지는 알 수 없으나 왕녀는 임신하여 아들을 낳았습니다.

감시 역할을 맡았던 남자는 왕의 분노를 두려워하여 왕녀가 감금되어 있던 성탑에서 그 아이를 던져버렸습니다.

그러나 한 마리의 독수리가 이것을 빠르게 발견하고는 떨어지는 도중에 그 아이를 날개로 받아 가까운 정원으로 옮겼습니다. 그리고는 조심스럽게 아이를 땅 위에 내려놓았습니다.

정원지기가 이 아이를 발견하고 너무나 귀여워 자신의 아이로 키웠습니다. 이 아이를 길가모스라고 불렀는데 그는 이후에 바빌론의 왕이 되었습니다.

IV.
신들과
인간의
이야기

아다파 신화(아카드)

그 옛날 에리두시의 신 에아, 물의 신이자 지혜의 신이기도 한 에아는 자신의 자식으로 인간을 만들어 아다파라고 이름을 붙였습니다.

에아는 아다파에게 특별한 지혜를 전수했고, 아다파는 에아를 위해 열심히 일했습니다. 에아가 사는 에리두시의 신전은 바다에 면해 있어 아다파는 매일 돛단배를 타고 바다로 나가 많은 물고기를 잡아 에아에게 바쳤습니다.

어느 날 큰 새 모습을 한 강한 남풍이 거세게 불어 아다파의 돛단배가 뒤집혀 그는 바다에 빠지고 말았습니다.

아다파는 화를 내며 저주하여 말하기를,

"남풍의 새 녀석, 몹쓸 짓을 하는구나. 너의 날개를 부러뜨려주마."

그가 이 말을 하자 정말로 남풍의 새 날개는 부러지고 남풍은 잠잠해졌습니다.

남풍이 불지 않자 하늘의 신 아누는 이상하게 여기고 큰 거인 이라브라트를 찾아가 말하기를,

"7일 동안이나 남풍이 불지 않는 이유가 무엇이냐?"

이라브라트가 답하기를,

"나의 주인이여, 에아 신의 아들로 인간인 아다파가 남풍의 새 날개를 부러뜨렸습니다."

그러자 아누 신은 화가 나서 아다파를 저주했습니다.

한편 지혜로운 에아 신은 천상에서 아누가 아다파에게 화가 난 사실을 바로 전해 듣고 아다파를 불러 충고했습니다.

"너는 상중이라는 것을 알리기 위해 상복을 입고 머리를 기른 후, 천상의 아누 신을 찾아가도록 해라. 아누 신의 거처 입구에 탐무즈 신과 기시다 신이 있는데 네가 왜 상복을 입고 있는지를 물을 것이다. 그러면 나라에서 자취를 감춘 탐무즈 신과 기시다 신을 위해 상복을 입고 있다고 답하거라. 탐무즈 신과 기시다 신은 그 말을 듣고 기뻐하여 아누 신 앞에서 조치를 취해줄 것이다.

아누 신은 너에게 죽음의 빵을 건넬지도 모르지만 그것을 먹어서는 안 된다.

죽음의 물을 건넬지도 모르지만 그것을 마셔서는 안 된다.

옷을 건넬지도 모르지만 그것을 입어서는 안 된다.

기름을 건넬지도 모르지만 그것을 몸에 발라서는 안 된다.

내가 너에게 가르쳐준 것을 잊지 않도록 해라."

이윽고 아누 신의 사자가 찾아와 남풍의 새 날개를 부러뜨린 벌로 아다파를 아누 신이 있는 곳으로 데리고 갔습니다.

아누 신이 사는 거처 입구에 다가가자 탐무즈 신과 기시다 신이 있었습니다. 그들은 아다파에게 왜 상복을 입고 있는지 물었습니다.

아다파는 두 명의 신을 모른 체하며 나라에서 자취를 감춘 탐무즈 신과 기시다 신을 위해서라고 대답했습니다. 탐무즈 신과 기시다 신은 이 말에 기뻐하며 아다파를 아누 신 앞으로 데리고 가서 무슨 일이 생기면 도와주려고 옆에서 대기하고 있었습니다.

아누 신이 아다파를 보며 말하기를,

"아다파여, 너는 왜 남풍의 새 날개를 부러뜨렸느냐?"

아다파가 답하기를,

"나의 주인이시여, 나는 나의 주인을 위해 바다에서 물고기를 잡고 있었습니다. 그런데 남풍이 불어와 나를 바다로 빠뜨렸습니다. 나는 마음속으로 남풍을 저주했습니다."

이때 탐무즈와 기시다 신은 남풍이 잘못했다고 아다파를 위해 변호하여 아누 신의 마음이 누그러졌습니다. 아누 신은 아다파에게 화를 낸 것을 후회하고 아다파에게 특별한 선물을 주고자 시종에게 명하여 그것들을 가져오라고 했습니다.

먼저 생명의 음식을 가져와 아다파에게 주었는데 아다파는 이것을 먹지 않았습니다.

다음으로 생명의 물을 가져와 아다파에게 주었는데 아다파는 이것을 마시지 않았습니다.

다음으로 신들의 옷을 가져와 아다파에게 주었는데 아다파는 이것을 입지 않았습니다.

다음으로 향유를 가져와 아다파에게 주었는데 아다파는 이것을 몸에 바르지 않았습니다.

아누 신은 이것을 보고 아다파에게 말하기를,

"아다파여, 너는 어째서 이것들을 먹거나 마시지 않는 것이냐(그렇게 하면 신이 될 텐데)? 인간은 역시 인간이구나. 자, 아다파여, 지상으로 돌아가거라."

　이렇게 아다파는 에아 신의 말을 지켜 신이 될 수 있는 모처럼의 기회를 놓쳤습니다. 그러나 아누 신은 그를 불쌍히 여겨 아다파가 아버지 에아 신의 도시인 에리두에서 특별한 권리를 가질 수 있도록 조치를 취했습니다.

에타나 신화(아카드)

대홍수가 일어난 후 신들은 회의를 열어 인간들을 위한 마을 하나를 만들기로 했습니다. 이 마을에는 키시라는 이름을 붙였습니다.

처음에 이 마을에는 지배자가 없었습니다. 인간들이 늘어나 마을에서 싸움이 끊이지 않게 되자 신들은 이 마을에 지배자를 두기로 했습니다.

하늘의 신 아누는 여신 이시타르에게 키시의 왕이 될 만한 인간을 고르라고 명했습니다. 이시타르는 지상을 내려다본 후 많은 양들을 잘 다루는 목자 에타나를 보고 이 사람을 왕으로 삼도록 아누에게 권했습니다.

왕권을 나타내는 왕관과 왕좌가 하늘에서 내려와 에타나는 목자에서 왕이 되었습니다.

그는 키시에 신전을 세우고, 망을 보는 망루를 만들고, 운하를 만들었습니다.

그는 아내를 맞아 왕가의 토대를 공고히 하려고 했으나 유감스럽게도 아이가 태어나지 않았습니다.

여기에서 잠시 이야기를 바꾸겠습니다. 에타나가 세운 날씨의 신 아다드의 신전 근처에는 유후나무가 자라났습니다. 그 뿌리에는 뱀이, 나뭇가지에는 독수리가 둥지를 틀고 있었습니다.

뱀은 독수리와 친해져 이 두 마리의 짐승은 태양신 샤마시 앞에서 우정을 맹세했습니다.

그 후 잠시 시간이 지나 뱀 일가에게는 새끼가 태어나고 독수리 일가에게도 새끼가 태어났습니다. 뱀은 들소와 산양을 덮치고는 둥지로 고기를 끌고 와 새끼에게 먹이고, 독수리는 표범과 호랑이를 잡아 고기를 둥지로 끌고 와 새끼에게 먹였습니다. 이렇게 해서 양쪽 새끼들은 무럭무럭 자랐고, 특히 독수리 새끼는 금세 몸이 커졌습니다.

그런데 독수리 부모는 몹쓸 짓을 꾀했습니다. 멀리까지 먹이를 찾으러 가는 수고를 덜기 위해 나무뿌리의 둥지에 있는 뱀 새끼를 대신 먹어버리는 것이었습니다.

독수리가 이 말을 하자, 독수리 새끼가 아버지에게 말하기를,

"아버지, 그것은 나쁜 짓입니다. 태양신 샤마시는 맹세를 깨뜨린 자를 반드시 벌할 것입니다."

그러나 독수리 부모는 이 말을 듣지 않고 나무뿌리로 날아가 뱀 새끼를 먹어버렸습니다.

밤이 되어 뱀이 둥지로 돌아와 끌고 온 고기를 둥지 입구로 옮겼는데 둥지에는 새끼가 보이지 않았습니다. 뱀은 바로 사정을 깨닫고 태양신 샤마시에게 가서 말하기를,

"샤마시여, 저는 독수리와 우정을 맹세하고 그 맹세를 지켰습니다. 독수리는 제 둥지를 뒤져 제 새끼를 먹어버렸습니다. 샤마시여, 제발 나쁜 짓을 한 독수리를 벌해주십시오."

태양신 샤마시는 뱀의 호소를 듣고 이에 동정하며 말하기를,

"뱀이여, 들판으로 나가 산을 넘어 가거라. 거기에서 너는 죽은 들소를 발견할 것이다. 그 배를 물어뜯어 그곳에 들어가 몸을 감추고 있어라. 그사이에 하늘의 새들이 들소의 고기를 노리고 내려올 것이다. 너의 원수인 독수리도 분명히 올 것이다. 그 독수리가 창자 쪽으로 가까이 다가오면 그 날개를 물어뜯어 구멍으로 던져 넣어라."

뱀은 태양신 샤마시가 말한 대로 했습니다. 뱀은 들판으로 나가 산을 넘어 그곳에서 죽은 들소를 발견하고 그 뱃속으로 들어갔던 것입니다. 하늘의 새들이 이것을 노리고 내려왔습니다.

뱀과의 맹세를 깬 독수리도 이 죽은 들소를 발견하고 새끼들에게 말하기를,

"애들아, 내려가서 저 들소 고기를 먹자."

그러자 똑똑한 독수리 새끼가 말하기를,

"아버지, 내려가면 안 됩니다. 분명히 저 들소 안에는 뱀이 기다리고 있을 거예요."

그러나 독수리 부모는 새끼의 말을 듣지 않고 내려가서 죽은 들소 주변, 배 근처를 부리로 쪼았습니다. 그러자마자 뱀이 독수리를 덮쳐 날개를 물어뜯으며 말하기를,

"너는 내 새끼만이 아니라 나까지 네 새끼들에게 먹이로 주고 싶은 거냐. 태양신 샤마시님이 너에게 벌을 내리실 것이다."

독수리는 뱀에게 용서를 구했으나 뱀은 독수리의 날개를 완전히

물어뜯어 깊은 구멍으로 던져 넣었습니다.

독수리는 여기에서 태양신 샤마시를 향해 빌고 자비를 구하면서 말하기를,

"샤마시님, 저는 이미 당연히 받아야 할 벌을 받았습니다. 당신의 이름을 칭송할 테니 제발 구해주세요."

자비심 많은, 정의의 신이자 태양신인 샤마시가 독수리에게 말하기를,

"너는 우정을 맹세한 자를 괴롭혔기 때문에 벌을 받은 것이다. 그러나 내가 너를 구해주겠다. 네가 있는 곳으로 다가가는 자가 너를 구해줄 것이다."

이야기에는 다시 주인공 에타나가 등장합니다. 키시의 왕이 된 목자 에타나는 아내를 맞이했으나 아이가 생기지 않아 안타깝게 생각하고 있었습니다.

그는 신들에게 여러 공물을 바치며 아이가 생기기를 빌었으나 전혀 그 효력이 없었습니다. 결국 태양신 샤마시를 찾아가 말하기를,

"태양신 샤마시여, 저는 당신에게 살찐 양을 바치고 땅에는 새끼 양의 피를 부었습니다. 저는 다른 신에게도 공물을 바치고 새끼 양을 준비하여 향을 피웠습니다. 그런데도 아이가 생기지 않습니다. 부디 저에게 아이가 생기게 해주시어 제 이름이 계속 오랫동안 남을 수 있도록 해주십시오. 제발 천상계에 있다는 '자식의 풀'에 대

해 알려주십시오."

태양신 샤마시는 이것을 듣고 에타나에게 말하기를,

"앞으로 나아가 산을 넘어가거라. 그러면 그곳에 구멍 하나가 있는데 그 안을 보거라. 그곳에 던져져 있는 독수리가 천상계에 있는 '자식의 풀'에 대해 알려줄 것이다."

에타나는 샤마시의 말을 듣고 앞으로 나아가 산을 넘어 구멍 하나를 발견했습니다.

독수리는 에타나를 보고 도와달라고 부탁했습니다.

에타나가 독수리에게 말하기를,

"나는 너를 도와주겠다. 그러나 한 가지 조건이 있다. 나는 천상에 있다는 '자식의 풀'을 갖고 싶다. 이것을 손에 넣기 위해 힘을 빌려다오."

독수리는 에타나의 말을 듣고 그에 동의했습니다.

구멍에서 빠져나온 독수리는 에타나에게 받은 음식을 먹고 이윽고 기운을 차렸습니다. 이렇게 며칠이 지났습니다.

에타나가 독수리에게 천상계에 대해 물어보니 독수리는 바로 전에 꾼 천상계의 꿈에 관해 말했습니다. 독수리가 에타나에게 말하기를,

"우리 둘은 천상계에 있는 아누 신, 엔릴 신, 에아 신의 신전 입구로 가서 경례를 하고 난 후, 신 신, 샤마시 신, 아다드 신, 이시타르 신의 신전 입구로 가서 경례를 했습니다. 그리고 우리들이 어느 건물의 큰 방으로 들어가자 그곳에는 왕좌가 놓여 있었고 그 위에는

아름다운 용모를 지닌 여신 이시타르가 앉아 있었습니다. 자세히 보니 왕좌의 발밑에는 사자가 엎드려 있고 내가 그쪽을 보니 사자가 일어나 이쪽으로 다가오는 것이 아니겠습니까! 나는 몸서리를 쳤는데 그때 잠에서 깼습니다."

독수리의 몸도 완전히 회복되자 에타나는 약속한 것을 독수리에게 상기시켰습니다. 그러자 독수리가 에타나에게 말하기를,

"친구여, 나는 당신을 천상계까지 데리고 가겠습니다. 내 목을 꼭 잡고 내 위에 타세요."

에타나는 말한 대로 하고, 독수리는 에타나를 데리고 천상으로 날아올랐습니다.

지상에서 1베르(2시간) 정도 갔을 때 독수리가 에타나에게 말하기를,

"친구여, 대지의 모습을 보세요. 산과 바다를 보세요. 저 멀리 산이 보이고, 바다는 연못처럼 보이지요?"

2베르(4시간)을 갔을 때 독수리는 에타나에게 말하기를,

"친구여, 대지의 모습을 보세요. 바다는 이제 논밭 주위의 운하처럼 보이지요?"

3베르를 갔을 때 독수리는 에타나를 향해 하늘이 가까워졌다는 것을 알려줬습니다.

독수리와 에타나는 아누의 하늘 영역으로 진입하여 아누 신, 엔릴 신, 에아 신의 신전 입구에 들어가 경례를 했습니다.

그러나 이때 에타나의 마음이 변했습니다. 하늘을 나는 공포가

엄습하여 이제 천상계에서 '자식의 풀'을 손에 넣는 것을 포기했습니다.

에타나가 독수리에게 말하기를,

"친구여, 나는 더 이상 하늘로 가지 않겠다. 방향을 바꿔 지상을 향해 돌아가주지 않겠는가."

그러자 독수리는 방향을 바꿔 지상을 향해 내려가기 시작했습니다.

1베르를 갔을 때 에타나는 독수리를 꼭 붙잡고 있었습니다.

2베르를 갔을 때 에타나는 독수리를 꼭 붙잡고 있었습니다.

3베르를 갔을 때 에타나는 독수리를 꼭 붙잡고 있었습니다.

갑작스러운 돌풍 때문인지 독수리는 에타나와 함께 추락하여 하늘 저편으로 사라지고 말았습니다.

네르갈과 에레시키갈(아카드)

천상의 신들이 모여 연회를 열었을 때 지하계의 여왕 에레시키 갈에게 사자를 보내기로 했습니다. 그 용건은 올해는 천상계에서 지하계로 진수성찬을 가져가서는 안 된다고 정했으니 지하계에서 가지러 와달라는 것이었습니다.

하늘의 신 아누가 카카를 사자로 정했습니다. 카카가 천상계에서 내려가 지하계 입구에서 문지기에게 용건을 말하자 문지기는 그를 위해 지하계의 7개의 문을 연달아 열어주었습니다. 이렇게 카카는 지하계의 안쪽 신전에 있는 여왕 에레시키갈의 앞으로 나갔습니다.

아누 신의 사자 카카가 에레시키갈에게 말하기를,

"당신의 아버지 아누 신의 사자로 왔습니다. 올해는 규칙에 의해서로 왔다갔다 할 수 없으니 진수성찬을 가지러 사자를 보내라고 하십니다."

에레시키갈이 카카에게 말하기를,

"카카여, 잘 와주었다. 아누 신, 엔릴 신, 에아 신, 남무 신, 나아시 신, 니누르타 신(라가시시의 신. 닌기루스 신)은 건강하신가?"

카카의 대답을 듣고 신하인 남타르를 불러 자신의 사자로 천상계에 가라고 명했습니다.

남타르는 카카와 함께 천상에 도착해 에아에게 진수성찬을 받은 후 지하계로 가지고 돌아왔습니다.

사자 남타르가 에레시키갈이 있는 곳으로 나오자 에레시키갈은 천상계의 신들의 모습을 묻고 경의를 표하지 않은 신이 있었는지를 물었습니다.

남타르는 곧바로 그런 신을 떠올리지는 못했는데 에레시키갈이 남타르에게 말하기를,

"네가 갔는데 마중을 나오지 않은 신을 찾아봐라. 나는 그자의 목숨을 빼앗겠다."

그래서 남타르는 다시 천상으로 갔고, 병과 전쟁의 신 네르갈이 그에게 경의를 표하지 않은 것을 알게 되었습니다. 그러자 그는 에레시키갈의 판결을 받도록 하기 위해 지하계로 네르갈 신을 데리고 가려고 했습니다.

이 사실을 안 네르갈 신은 아버지 에아 신을 찾아가 말하기를,

"나의 아버지 에아 신이여, 에레시키갈이 나를 쫓고 있어 내 목숨을 빼앗을 것 같아요."

에아 신이 아들 네르갈에게 말하기를,

"네르갈이여, 두려워하지 마라. 나는 너에게 지하계의 7개의 문을 위해 14명의 귀신을 보낼 것이다. 그러나 지하계에 도착하면 경례를 해야 한다. 천상의 신들도 그곳에서는 그렇게 해야 한다."

네르갈은 아버지 신 에아에게 말씀하신 것을 지키겠다고 다짐했습니다. 에아 신은 아들 네르갈에게 덧붙여 말하기를,

"너는 지하계에 검을 들고 가서는 안 된다. 숲으로 가서 여러 나무로 지팡이를 만들어 그것을 가져가는 것이 좋다. 지하계에 도착

하면 의자를 가져와도 바로 그곳에 앉으면 안 된다. 빵을 가져와도 바로 그것을 먹어서는 안 된다. 고기를 가져와도 바로 그것을 먹어서는 안 된다. 술을 가져와도 바로 그것을 마셔서는 안 된다. 발밑으로 물을 가져와도 바로 그것으로 발을 씻어서는 안 된다. 여왕이 목욕을 하기 위해 옷을 벗어도 바로 유혹에 빠져서는 안 된다."

그 후 네르갈은 지하계로 출발했습니다.

네르갈이 지하계의 7개 문 중 첫 번째 문에 도착하자 문지기는 에레시키갈에게 천상계의 신이 찾아온 것을 알렸습니다. 에레시키갈이 신하인 남타르에게 보고 오라고 보내자 남타르는 그를 보고 불쾌한 표정을 지으며 서둘러 여왕에게 가서 말하기를,

"여왕이시여, 제가 사자로 천상계에 갔을 때 저에게 경의를 표하지 않은 신이 왔습니다."

에레시키갈이 남타르에게 말하기를,

"남타르여, 그를 이곳으로 데려와 지하계의 음식을 먹거나 마시게 해라. 그리고 나는 그의 목숨을 빼앗을 것이다."

네르갈은 문을 통과해도 좋다는 허락을 받았습니다. 그는 7개의 문을 통과할 때마다 만일을 위해 아버지 신 에아가 보낸 귀신을 한 조씩 기다리고 있도록 했습니다.

네르갈은 지하계의 여왕 에레시키갈의 앞으로 나와 경례를 하고 아누 신의 말을 전했습니다.

그의 앞에 의자를 가져왔으나 그는 의자에 앉지 않았습니다.

그의 앞에 빵을 가져왔으나 그는 이것을 먹지 않았습니다.

그의 앞에 고기를 가져왔으나 그는 이것을 먹지 않았습니다.

그의 앞에 술을 가져왔으나 그는 이것을 마시지 않았습니다.

그의 발밑에 물을 가져왔으나 그는 발을 씻지 않았습니다.

그러나 여왕이 목욕을 하기 위해 옷을 벗기 시작하자 네르갈은 유혹에 빠져 그녀를 안았습니다.

7일이 지나 네르갈은 에레시키갈의 화를 풀어준 후 다시 7개의 문을 통과하여 천상으로 올라갔습니다.

네르갈이 떠난 것을 안 에레시키갈이 눈물을 흘리며 말하기를,

"에라(네르갈의 다른 이름)여, 힘이 넘치는 자여, 왜 나를 버리고 가버렸는가."

이것을 들은 신하 남타르가 에레시키갈에게 말하기를,

"여왕이시여, 제가 다시 한번 천상으로 가서 그 신을 데리고 오겠습니다."

에레시키갈이 신하 남타르에게 말하기를,

"남타르여, 가서 아누 신, 엔릴 신, 에아 신 등 큰 신들에게 말해라. 네르갈은 지하로 내려와 나를 안았으니 내 남편이 되어야 한다고. 만약 네르갈을 지하계로 보내지 않으면 나는 죽은 자들을 소생시켜 살아 있는 자들을 먹어치우게 하여 죽은 자들이 살아 있는 자들보다 많아지도록 하겠다고."

신하 남타르는 다시 천상계로 올라가 아누 신, 엔릴 신, 에아 신 등 큰 신들에게 지하계의 여왕 에레시키갈의 말을 전했습니다. 큰 신들은 남타르가 네르갈을 지하계에 데리고 가는 것을 인정했습니

다. 남타르가 네르갈에게 말하기를,

"네르갈이여, 나는 당신을 지하계로 데리고 가야 합니다."

네르갈이 남타르에게 말하기를,

"남타르여, 네가 말하는 대로 하겠다."

그러자 남타르가 네르갈에게 말하기를,

"네르갈이여, 지하계의 여러 관습을 알려드리겠습니다. 지하계로 갈 때는 의자를 비롯해서 지상의 다양한 물건들을 가져가는 것이 좋습니다. 그것의 일부를 7개의 문으로 들어갈 때마다 두고 가세요."

네르갈은 남타르가 말한 대로 해서 이번에는 아무 일 없이 7개의 문을 통과하여 다시 지하계에 도착했습니다.

그는 여왕 에레시키갈의 궁전에 들어가서 에레시키갈을 쓰러뜨리고 몸을 눌렀습니다.

에레시키갈이 네르갈에게 말하기를,

"형제여, 내 목숨을 빼앗지 마세요. 부디 제 남편이 되어주세요. 그리고 지하계의 지배자가 되어주세요."

네르갈은 손에 힘을 빼고 에레시키갈을 부드럽게 안아 입맞춤을 했습니다.

천상의 아누 신도 이것을 듣고 네르갈이 에레시키갈과 함께 오랫동안 지하계에 사는 것을 허락한다는 것을 알리기 위해 신하 카카를 지하계에 보냈습니다.

괴물새 주(아카드)

아주 옛날 니푸르 마을에는 엔릴 신에게 바친 신전이 있었는데 이것을 에쿠르(성스러운 봉우리의 신전[聖峰殿])라고 불렀습니다.

주라는 이름의 거대한 괴물새가 이 신전을 지키면서 엔릴 신과 그 외의 신들이 이곳에서 하는 일을 늘 지켜보고 있었습니다.

이 신전에는 '천명의 서판'이라고 부르는 신성한 보물이 있는데 이것을 가진 자만이 신들과 만물을 지배할 수 있었습니다.

괴물새 주는 매일 이 '천명의 서판'을 바라보고 있었는데 그러는 동안 이 신성한 보물을 빼앗아 신들과 만물을 지배하고 싶다는 생각에 사로잡혔습니다.

어느 날 엔릴 신이 왕관을 벗어 왕좌에 놓고 목욕을 하고 있을 때를 노려 새 주는 '천명의 서판'을 커다란 발가락으로 집어 들어 아득히 먼 곳인 신성한 봉우리를 향해 날아가버렸습니다.

이 사실을 안 엔릴 신을 비롯한 큰 신들은 어찌하면 좋을지 몰라 망연자실해 있었습니다.

그 소식을 들은 각지의 신들이 모여 회의를 열었습니다.

하늘의 신 아누가 자식인 신들에게 말하기를,

"누가 주를 잡을 것인가. 그자의 이름은 길이 남을 것이다."

신들은 먼저 날씨의 신 아다드를 지명했습니다. 아누 신이 아다드 신에게 말하길,

"아다드여, 너는 힘 있는 자이다. 새 주를 무찔러라. 그렇게 하면

여러 마을이 네 것이 되어 네 이름은 길이 전해질 것이다."

그러나 아다드 신이 아버지 아누 신에게 말하기를,

"아무도 갈 수 없는 성스러운 봉우리에 어떻게 갈 수 있겠습니까. '천명의 서판'을 손에 넣은 자에게 어느 신이 이길 수 있겠습니까. 그에 반하는 자는 점토처럼 되어버릴 것입니다."

이것을 들은 신들은 공포에 휩싸였습니다.

다음으로 신들은 여신 이시타르를 지명했습니다. 아누 신이 이시타르에게 말하길,

"너는 힘 있는 자이다. 새 주를 무찔러라. 그렇게 하면 여러 마을이 네 것이 되어 네 이름은 길이 전해질 것이다."

그러나 여신 이시타르가 아누 신에게 말하길,

"아무도 갈 수 없는 성스러운 봉우리에 어떻게 갈 수 있겠습니까. '천명의 서판'을 손에 넣은 자에게 어느 신이 이길 수 있겠습니까. 그에 반하는 자는 점토처럼 되어버릴 것입니다."

이것을 들은 신들은 공포에 휩싸였습니다.

다음으로 신들은 여신 이시타르의 아들 샤라를 지명했습니다.

아누 신이 샤라에게 말하기를,

"너는 힘 있는 자다. 새 주를 무찔러라. 그렇게 하면 여러 마을이 네 것이 되어 너의 이름은 길이 전해질 것이다."

그러나 샤라가 아누 신에게 말하기를,

"아무도 갈 수 없는 성스러운 봉우리에 어떻게 갈 수 있겠습니까. '천명의 서판'을 손에 넣은 자에게 어느 신이 이길 수 있겠습니

까. 그에 반하는 자는 점토처럼 되어버릴 것입니다."

이것을 들은 신들은 공포에 휩싸였습니다.

신들은 다시 집회를 열어 무거운 마음으로 여러 상의를 한 후, 심연에 사는 지혜의 신 에아를 불러 그의 의견을 듣기로 했습니다.

에아 신은 심연에서 올라와 신들의 집회에 와서 말하기를,

"내가 새 주를 잡을 자를 찾아보겠습니다."

신들은 기뻐하며 에아 신을 칭송했습니다. 그리고 에아 신은 작전을 짜서 이 신이야말로 적합하다고 생각하는 닌기루스 신을 설득하기 위해 먼저 그 어머니인 여신 마하를 찾아가 말하기를,

"당신이 사랑하는 닌기루스 신이야말로 최고의 힘을 가진 자입니다. 그야말로 7개의 바람 무기를 사용해서 적을 무찌를 자입니다."

여신 마하는 이 말을 듣고 기뻐하며 사랑하는 아들 닌기루스를 불러 그에게 말하기를,

"너는 나를 위해, 내가 낳은 신들을 위해, 7개의 바람 무기를 사용해서 나쁜 짓을 한 주를 붙잡아라. 나도 거친 바람으로 너를 돕겠다. 못된 주를 생포해서 그 목을 베어버려라. 그러면 너를 위해 여러 마을을 바치고 네 이름은 신들에게 칭송을 받을 것이다."

닌기루스 신은 어머니 신의 말을 듣고 성스러운 봉우리 쿠르를 향해 출발했습니다.

그의 어머니인 여신 마하는 그의 전차에 7개의 바람 무기를 연결했습니다. 닌기루스 신은 이 전차를 타고 모래 먼지를 일으키며 출

발했습니다.

닌기루스 신은 성스러운 봉우리 근처에서 새 주와 만났습니다. 주는 머리에서 빛을 발하고 있어서 산은 대낮처럼 밝았습니다.

새 주가 닌기루스 신에게 말하기를,

"나는 신들의 모든 권력을 빼앗았다. 그런 나에게 도전하다니 무슨 생각이냐."

닌기루스 신이 주를 향해 말하기를,

"나는 에아 신의 큰 지혜를 받은 자이다. 나는 너와 싸우기 위해 이곳에 왔다. 너를 무찌르겠다."

이렇게 해서 서로 격렬하게 싸웠습니다. 신들도 도왔는데 특히 날씨의 신 아다드는 번개를 쳐서 주가 두려워하도록 했습니다.

닌기루스 신은 주를 향해 활을 당기고 갈대로 된 화살을 쏘았습니다. 새 주가 그것을 향해 말하기를,

"갈대로 된 화살이여, 원래 자리로 돌아가라. 활은 원래 있던 숲으로, 현은 원래 자리인 동물에게로, 깃털은 원래 자리인 새에게로 돌아가라."

그러자 화살은 원래 자리로 돌아가 주는 맞지 않았습니다. 새 주는 '천명의 서판'을 가지고 있어서 신들의 화살도 맞지 않았습니다. 이것을 보고 있던 아다드 신은 돌아와서 에아 신에게 상황을 전했습니다.

에아 신은 닌기루스 신에게 전하라며 아다드 신에게 말하기를,

"약해지지 말고 공격해라. 강한 바람을 단숨에 그의 날개를 향해

내뿜어라. 던지는 화살로 그의 날개를 잘라버려라. 주를 붙잡아 그
목을 베어버려라.”

아다드 신은 에아 신의 말을 닌기루스 신에게 전했습니다. 주의
힘에 두려움을 느끼고 약해져 가던 닌기루스 신은 기운을 차리고
다시 싸우러 나갔습니다. 닌기루스 신은 소중한 4개의 열풍을 꺼
내 주의 날개를 향해 단숨에 내뿜었습니다. 그러자 날개가 몸에서
잘려나가 아득히 먼 곳으로 떨어졌습니다.

*

아쉽지만 이 신화를 기록한 점토 서판은 현재 여기까지 남아 있
습니다. 신들은 ‘천명의 서판’을 무사히 찾아와 모든 것은 해피엔딩
으로 끝났을 것입니다.

쿠마르비 신화(히타이트)

태곳적에 천상계를 아라루라는 신이 지배하고 있었습니다.

신들 중 큰 신인 아누 신(아카드의 천신[天神])은 처음에는 아라루 신의 신하로, 항상 그 앞에서 몸을 수그리고 손에는 큰 부채를 들고 있었습니다.

아라루 신의 지배가 9년간 지속되었을 때 아누 신은 아라루 신에게 반란을 일으켰습니다. 아라루 신은 싸움에 져서 암흑의 세계로 가버렸습니다.

아누 신이 지배자가 되어 천상의 옥좌에 앉자 이번에는 쿠마르비가 대신이 되어 아누 신 앞에서 몸을 숙이고 손에는 큰 부채를 들고 있었습니다.

아누 신의 지배가 9년간 지속되었을 때 이번에는 쿠마르비가 아누 신에게 반란을 일으켰습니다. 아누 신은 싸움에 져서 새처럼 천상으로 도망갔습니다.

그러나 쿠마르비는 아누 신을 쫓아가 아누 신의 음부를 물었습니다. 그 순간 쿠마르비는 아누 신의 정자를 먹어버렸습니다.

아누 신이 쿠마르비를 노려보며 말하기를,

"너는 승리에 취해 의기양양해 있으나 그렇게 잘되지 않을 거다. 네가 내 정자를 먹었기 때문에 나는 너에게 3명의 무서운 신들을 잉태하게 했다. 그 신들은 첫 번째로 날씨의 신, 두 번째는 아란자히강(티그리스강)의 신, 세 번째로 타스미슈 신이다. 이들 신은 네 몸속에서 너에게 엄청난 고통을 줄 것이다."

아누 신은 이렇게 말하고 하늘로 올라갔습니다.

쿠마르비는 당황하여 한번 삼킨 것을 토해내려고 했습니다. 간신히 아란자히강의 신과 타스미슈 신의 정자는 쿠마르비의 입에서 튀어나와 아득히 먼 신들의 거처인 칸즈라산 쪽으로 떨어졌습니다. 그러나 날씨의 신의 정자만은 쿠마르비의 몸속에 머물렀고, 심지어 점점 커져갔습니다. 게다가 하늘로 올라간 아누 신은 천상계에서 날씨의 신에게 쿠마르비의 몸 중에서 어느 쪽으로 태어나면 좋을지를 알려주었습니다.

그 사건이 일어난 지 7개월이 지나 드디어 달이 찬 어느 날 쿠마르비가 잠들어 있는 사이에 날씨의 신은 그의 입에서 밖으로 튀어나왔습니다. 이날을 고대하고 있었던 아누 신은 곧장 날씨의 신에게 힘과 용기를 선물하여 쿠마르비와 싸우라고 명했습니다.

*

이후 날씨의 신과 쿠마르비가 싸움을 벌여 틀림없이 날씨의 신이 이기고 쿠마르비가 도망갔을 것입니다. 그러나 아쉽게도 이 부분의 점토 서판 약 40행은 파손이 심해서 읽을 수 없습니다. 이야기의 다음 부분에는 역시 쿠마르비가 처음에 토해낸 아란자히강의 신과 타스미슈 신의 정자가 칸즈라산의 땅에 떨어져 수개월이 지나 대지에서 태어난 광경이 묘사되어 있습니다. 한편 날씨의 신에게 진 쿠마르비는 복수를 꾀하고 있었습니다.

*

　쿠마르비는 어떻게 하면 날씨의 신에게 복수할 수 있을지 매일 머리를 굴리고 있었습니다.

　그러던 어느 날 그는 갑자기 어떤 아이디어가 떠올라 지팡이를 들고 바람으로 된 구두를 신고 우르케시 마을을 출발하여 산기슭에 있는 샘 근처로 갔습니다. 그곳에는 큰 바위가 있었는데 그 바위에는 움푹 파인 곳이 있었습니다. 그는 이 속에 자신의 정자를 부어 바위의 아이를 낳으려고 생각했던 것입니다. 물론 꼴 보기 싫은 날씨의 신에게 복수하기 위해서입니다.

　이후 쿠마르비는 시종 임파루리를 바다의 정령이 있는 곳으로 보냈습니다. 이것은 바위에서 아이가 태어났을 때 바닷속에서 몰래 키우기 위해서입니다.

　바다의 정령이 임파루리에게 말하기를,

　"임파루리여, 돌아가 쿠마르비에게 전하시오. 당신을 위해 요리는 이미 준비되어 있고 노래 부르는 사람과 악기도 준비되어 있다고. 당신 자신이 이곳으로 오는 것이 좋다고."

　이렇게 해서 쿠마르비 자신이 바다 정령의 집으로 갔습니다.

　바다 정령이 가신들에게 말하기를,

　"자, 쿠마르비를 위해 의자와 식탁을 옮기고 먹을 것과 마실 것을 가져와라."

가신들은 요리를 가져왔고, 두 사람은 포도주를 서로 나누고, 바위에서 태어날 쿠마르비의 아이들을 어떻게 키울지에 대해 상의했습니다.

한편 달이 차자 그 바위에서 쿠마르비의 자식이 태어났습니다.

쿠마르비는 이 아이를 무릎 위에 놓고 혼잣말로 말하기를,

"그럼 이 아이에게 어떤 이름을 붙일까. 이 아이는 날씨의 신의 마을인 쿰미야를 파괴하여 정복할 테니 울리쿰미('쿰미야를 파괴할 자'라는 뜻)라고 붙이자. 쿰미야를 정복하고 날씨의 신을 무찔러라. 소금처럼, 개미처럼 산산조각을 내버려라. 모든 것을 쳐부숴라."

쿠마르비는 시종 임파루리를 사자로 보내 양육을 담당할 여신들을 불러 이 바위에서 태어난 갓난아기를 돌봐달라고 부탁했습니다.

여신들은 이 바위의 갓난아기를 바다의 거인 우펠루리가 있는 곳으로 데려가 그 오른쪽 어깨에 놓았습니다. 그러자 갓난아기 울리쿰미는 매일 1암마투(약 40cm)씩, 그리고 1개월이 지나자 1이쿠 크기로 커졌습니다.

15일이 지나자 울리쿰미는 거대한 바위 남자로 성장하여 바다에서 나왔습니다. 그 크기는 하늘에 닿아 천상의 신전을 들여다볼 수 있을 정도였습니다.

천상에 있던 태양신은 거대한 울리쿰미를 보고 먼저 깜짝 놀라고, 그 후 이 침입자에게 화가 나서 이것을 전하기 위해 날씨의 신

이 있는 곳으로 갔습니다.

날씨의 신은 쿠마르비의 입에서 나와 성장한 타스미슈 신과 함께 있었는데 태양신이 가까이 오자 식탁과 의자를 준비했습니다. 그러나 태양신은 의자에 앉으려고도 하지 않고 얼굴에 화를 드러냈습니다.

날씨의 신이 그 이유를 묻자 태양신은 쿠마르비가 바위에게 낳게 하고, 바다의 정령에게 키우게 한 거대한 울리쿰미가 천상까지 침입했다고 설명했습니다.

날씨의 신은 이 말을 듣고 마음속으로는 분노를 느꼈으나 이것을 알려준 태양신에게 감사를 표한 후 다시 식사를 권했습니다. 태양신은 기뻐하며 먹고 마신 후 천상으로 사라졌습니다.

그 후 날씨의 신과 타스미슈 신은 거대한 울리쿰미를 어떻게 퇴치하면 좋을지 상의했지만 좀처럼 좋은 묘안이 떠오르지 않았습니다.

이를 보고 있던 여신 이시타르가 그들에게 말하기를,

"내가 노래를 부르고 춤을 춰 울리쿰미를 유혹한 후 그를 길들이겠다."

그리고 여신은 바닷가로 나가 악기를 손에 들고 노래를 부르거나 춤을 췄으나 거대한 울리쿰미는 거들떠보지도 않았습니다. 바닷속에서 큰 파도의 정령이 이시타르에게 말하기를,

"당신이 노래와 음악을 들려주고 있는 저 거인은 귀도 들리지 않고, 눈도 보이지 않아요. 그러고 있는 동안에도 그는 점점 커지고

있을 거예요.”

여신 이시타르는 이 말을 듣고 악기를 던져버리고는 그 자리를 떠났습니다.

이시타르의 시도가 실패로 돌아갔다는 것을 들은 날씨의 신은 어쨌든 이 바위 거인에게 도전하기로 하고 타스미슈 신과 함께 싸울 준비를 했습니다.

그는 전차를 탄 후 병사들을 데리고, 그리고 하늘의 구름도 불러서 울리쿰미를 공격했으나 그사이에도 그 크기는 3배로 불어나 도저히 겨룰 수가 없었습니다.

날씨의 신은 어쩔 수 없이 신들에게 도움을 청했습니다. 신들은 힘을 합쳐 거인 울리쿰미를 공격하기로 하고 군신 아슈타비를 선두에 세워 번개와 천둥을 치면서 바위 거인에게 맞섰습니다. 그러나 울리쿰미는 꿈쩍도 하지 않고, 오히려 70명의 신들을 눌러 모두 바다로 던져버렸습니다.

그사이에도 울리쿰미의 키는 자라나 드디어 날씨의 신의 신전까지 도달했습니다. 타스미슈 신이 날씨의 신에게 말하기를,

“이리 되면 지혜의 신 에아를 찾아가 그 입구에서 다섯 번, 열 번, 열다섯 번 최상의 경례를 하고 그 지혜를 따르는 수밖에 없습니다.”

그러자 날씨의 신은 타스미슈 신과 함께 에아 신이 사는 압주 마을로 가서 도움을 호소했습니다.

에아 신은 두 신의 호소를 듣고 먼저 울리쿰미의 성장을 도운 거

인 우펠루리를 찾아가 말하기를,

"우펠루리여, 너의 오른쪽 어깨에서 자란 울리쿰미가 천상의 신들을 괴롭히고, 심지어 날씨의 신을 죽이려고 하는 것을 모르느냐?"

거인 우펠루리가 에아에게 말하기를,

"내가 모르는 사이에 하늘과 땅이 신검으로 갈라졌는데, 내 오른쪽 어깨에 있었던 자가 누구인지 나는 알 수 없다."

이 말을 들은 에아는 한 가지 묘안이 번뜩 떠올랐습니다. 어딘가에 그 신검이 있을 것입니다. 에아가 신들에게 말하기를,

"내게 묘안이 떠올랐다. 선조 때부터 전해지는 문서를 찾아보면 아주 먼 옛날 하늘과 땅을 가른 신검이 어디에 있는지 알 수 있을 것이다. 그 신검으로 울리쿰미의 바위로 된 다리를 잘라버리는 것이다."

에아 신의 말을 듣고 문서를 뒤져 신검을 찾아냈습니다.

날씨의 신과 타스미슈 신은 용기를 얻어 곧장 그 신검으로 울리쿰미의 바위로 된 다리를 잘라버렸습니다.

거대한 울리쿰미는 바닷속으로 쓰러졌습니다. 날씨의 신의 군사들은 그 위로 덤벼들어 이 거대한 바위 괴물을 산산조각 내버렸습니다. 그것으로 천상계의 주권을 확립했습니다.

용신 일루얀카 신화 I·II(히타이트)

원문은 하타이트국 네리크시의 폭풍신 프루리야슈 이야기라고
되어 있어 하나의 이야기지만 아마도 용신(龍神) 일루얀카에 관한 2
개의 이야기가 조합된 것인 듯합니다.

I ——————————————————————

폭풍신과 용신 일루얀카가 싸워 용신이 이겼습니다.

폭풍신은 힘으로는 당해낼 수 없지만 지혜를 써서 용신을 이기
고자 신들에게 협조를 구했습니다. 특히 바람과 공기의 여신 이나
라스의 지혜를 빌려 용신을 술에 취하게 한 후 죽일 계획을 세웠습
니다.

폭풍신이 여러 신들에게 말하기를,

"신들이여, 부디 여신 이나라스에게 힘을 주십시오. 그녀가 이제
부터 특별한 의식을 행할 겁니다."

그리고 그는 여러 종류의 술을 항아리에 넣어 준비를 했습니다.

한편 여신 이나라스는 용신을 유인하는 데는 위험이 수반된다는
것을 알고 있어서 용신을 죽이는 것은 인간에게 시키려고 했습니
다. 우연히 후파시야스라는 이름의 인간과 만났는데 이나라스가
후파시야스에게 말하기를,

"후파시야스여, 나는 용신을 퇴치해달라고 부탁을 받았는데 그

것을 도와주지 않겠느냐?"

그 제안에 대해 후파시야스는 신의 힘을 얻기 위해 여신을 안는 것을 조건으로 내세웠습니다. 여신 이나라스는 이것을 받아들였습니다.

그리고 여신 이나라스는 후파시야스를 의식의 장소로 데려가 오두막에 숨기고 그 근처에서 장식물을 몸에 걸고 의식을 시작했습니다.

조금 떨어진 자신의 오두막에서 이것을 지켜보던 용신은 그곳에 놓인 다양한 종류의 술 향기에 이끌려 점점 다가왔습니다.

여신 이나라스는 손짓을 하고 용신과 그 일족에게 음식과 마실 것을 권했습니다. 용신들은 술통을 완전히 비우고 취기가 돌아 움직일 수 없게 되었습니다.

이것을 본 인간 후파시야스는 숨어 있던 오두막에서 나와 용신을 꽁꽁 묶었습니다. 그곳으로 폭풍신이 달려와 용신을 베어 죽여 버렸습니다.

후파시야스는 이렇게 해서 신들의 무리에 들어가 신들과 함께 지내게 되었습니다. 그러나 여신 이나라스는 후파시야스가 언젠가 인간계를 떠올리고 그곳으로 돌아가 다른 인간들에게 신의 힘을 전파하는 것은 아닐까 경계했습니다. 그래서 그를 위해 타룩카국의 돈대에 집을 지어 살게 했습니다.

이 집에 그를 데리고 갔을 때 여신 이나라스는 그에게 말하기를,

"내가 없을 때 이 집 창문으로 밖을 내다봐서는 안 된다. 아내와

아이를 보고 집으로 돌아가고 싶어지면 곤란하니까.”

후파시야스는 한동안은 여신의 말을 지켰으나 20일째가 되자 드디어 참을 수 없게 되어 집의 창문을 열었습니다. 그러자 저 멀리에 아내와 아이가 있는 것이 보였습니다.

후파시야스는 집이 그리워져 여신 이나라스가 돌아오자 집으로 보내달라고 호소했습니다.

여신 이나라스는 그녀의 말을 지키지 않은 후파시야스에게 불같이 화를 내고 결국 그를 죽여버렸습니다.

Ⅱ

또 다른 용신 일루얀카에 관한 이야기가 전해집니다. 여기에서도 용신은 폭풍신과 사이가 나빠 끊임없이 싸우고 있습니다.

용신 일루얀카는 폭풍신과 싸워 그의 심장과 눈을 빼앗았습니다.

폭풍신은 어떻게 해서든지 복수하려고 생각하고 어느 가난한 남자의 딸과 결혼해 남자 아이를 낳았습니다.

이 남자 아이가 성인이 되자 폭풍신은 조치를 취해 자기 아들을 용신 일루얀카의 딸과 결혼시켰습니다.

이때 폭풍신이 아들에게 말하기를,

“너는 네 아내의 집으로 가서 내 심장과 눈이 어디에 있는지를 묻고 그것을 내게로 가져오너라.”

폭풍신의 아들은 아버지가 말한 대로 했고, 그래서 폭풍신은 무사히 심장과 눈을 되찾을 수 있었습니다.

그러자 폭풍신은 다시 용신 일루얀카와 싸우기 위해 그의 집을 습격했습니다. 그러나 아내를 버릴 수 없었던 폭풍신의 아들은 집을 떠나지 않았기 때문에 용신과 함께 목숨을 잃고 말았습니다.

이 책에 수록한 작품에 대해서

이 책에 수록한 메소포타미아 신화의 원문은 비교를 위해 첨부한 짧은 1편(「독수리에게 구조된 왕」. 원문 그리스어) 이외에는 모두 점토 서판에 설형문자로 쓴 것이다. 이것은 유럽과 미국의 전문가들이 연구하고 각국의 언어로 간행되었다(설형문자의 원문이 그대로 간행된 경우도 있으나 로마자로 간행되어 연구된 것도 많다).

일본에서는 오리엔트 연구가 유럽과 미국에 비해 늦었으나 현재는 이러한 원문을 읽을 수 있는 전문가도 상당히 늘어나서 이 책에 수록한 대부분의 일본어 번역이 이미 이루어졌다. 지쿠마쇼보 간행 『고대 오리엔트집(古代オリエント集)』(스기 이사무[杉勇], 미야사노미야 다카히토[三笠宮崇仁] 편. 지쿠마세계문학대계1)이 그것이다(편집부 주―이 책의 「수메르」 장은 스기 이사무, 오자키 도오루[尾崎亨] 역 『수메르 신화 집성[シュメール神話集成]』[지쿠마문예문고, 2015년]으로 간행되었다).

점토 서판은 파피루스나 종이에 비해 보존이 잘되어, 그 덕분에 놀랍게도 지금으로부터 3,000~4,000년 전의 작품이 그대로 남아 있다. 그러나 보존 상태가 좋다고는 해도 흙 속에 묻혀 있거나 폐허가 된 서고에 흩어져 있어, 일부가 손상되거나 그 외의 이유로 없어진 부분도 상당히 많다. 또한 해독이 진행되었다고는 해도 한 번 잊어진 언어(수메르어, 아카드어, 히타이트어)이기 때문에 명확하지 않은 부분도 많다. 앞에서 언급한 『고대 오리엔트집』에서는 이러한 부분을 되도록 원문에 충실하게 번역해서, 줄거리를 잘 알 수 없거나 읽기 힘든 부분이 있는 것도 사실이다.

이 책에서는 중심 독자가 젊은 층이기도 하고, 또한 이렇게 불완전하게 남아 있는 작품을 어쨌든 하나의 정리된 이야기로 파악해보려는 시도에서, 부분적으로 상당히 추정을 통해 보충했다는 점을 밝혀두고자 한다. 신화, 전설, 민화는 이러한 프로세스의 축적을 통해 오늘날의 모습을 지니게 된 것이기 때문에 이것도 하나의 방법이 아닐까 하는 것이 필자의 생각이다.

필자가 이전에 번역한 T. H. 가스터 저 『세계에서 가장 오래된 이야기(世界最古の物語)』(사회사상사)에는 이 책에 수록된 것과 공통되는 작품 7편이 수록되어 있다(편집부 주—2017년 「동양문고」 중 한 편으로 헤본샤에서 재간행). 이것은 가스터 교수가 거의 다른 작품이라고 해도 좋을 만큼 수정한 것으로, 그에 비하면 필자는 이 책에서 취한 방식이 원문이 의미하는 것에 더 가깝다고 생각한다. 그러나 가스터 교수가 정리한 방식과 그에 대해 근거를 제시한 해석은 매우 흥미로워서 함께 읽어보기를 권한다.

다음으로 각 편에 대한 개별적인 해설을 제시해두고자 한다.

(1) 인간과 농업·목축의 시작

『고대 오리엔트집』에서 「인간의 창조」, 「농업·목축의 시작」(고미 도오루[五味亨] 역)이라는 이름이 붙어 있는 2개의 짧은 작품을 하나로 모았다(편집부 주―모두『수메르 신화 집성』수록). 전자는 아슈르의 옛터에서 출토된 점토 서판(1919년 간행)이고, 후자는 출토지가 불명확한 점토 서판(1918년 간행)으로, 후자는 내용이 불명확한 부분이 매우 많다. 일반적으로 수메르어에 관한 연구가 상당히 진전되었다고는 해도 아직도 불명확한 점이 많고, 연구자에 따라서는 같은 단어와 문장도 다르게 해석하는 경우가 있다.

(2) 바빌로니아 창세기

『고대 오리엔트집』에서는 「에누마 엘리시(천지창조 이야기)」(고토 고이치로[後藤光一郎] 역)라고 되어 있는 것이다. 「에누마 엘리시」란 이 작품 첫 부분의 2개 단어를 음독한 것으로, 이것은 '에누마 엘리시 라 나부 사마무 샤프리시 안마툼 시마 라 자쿠라트(아직 위에는 하늘이라는 이름이 없고, 아래는 땅이 그 이름으로 불리고 있지 않을 때)'라고 이어진다. 작품 첫 부분의 한두 개 단어를 그 작품의 제목으로 사용하는 방식은 메소포타미아에서 시작되어 헤브라이인도 이 방식으로『구약성서』의 각 편의 이름을 불렀다. 예를 들어 「창세기」는 「베레시트」(처음으로)라고 부르는데, 이것은 '베레시트 바라 에로힘 에트 하샤마임 베엣 하야레즈(처음으로 신은 하늘과 땅을 만들었다)'라고 이어진다.

원전은 다른 많은 작품과 마찬가지로 니네베 옛터의 아슈르바니팔 왕궁 문서고에서 출토되어 현재는 런던의 대영박물관에 보관되어 있는 아시리아어판을 중심으로 그 외에도 단편들이 다수 발견되었다. 1875년에 대영박물관의 조지 스미스가 소개한 이후 매우 많은 연구와 번역이 이루어졌는데 1966년에 W. G. 램버트가 새로 원문의 교정판을 간행했다. 주요 원전은 7개의 서판 앞뒤에 적혀 있어 총 1,060행 정도가 남아 있는데 일부는 상당히 누락되었다.

바빌로니아에서 새해는 봄에 시작되며 바빌론 신전에서 일주일에 걸쳐 제의가 이루어졌다. 그 5일째에는 아키투제라고 하는, 왕권 경신을 위한 의식이 거행되었다. 그 전후에 이 작품을 낭독하고, 어떤 종류의 드라마를 연기했을 것으로 추정된다. 그것은 엔릴신 대신에 바빌론의 주신이 된 마르두크 신의 기원에 대한 이야기였다.

이 작품은 일부는 수메르에서 전래되는 우주론을 바탕으로 하지만, 메소포타미아의 종교 사상과 세계관을 널리 아는 데는 매우 중요하다.

(3) 인안나·두무지 신화

『고대 오리엔트집』에서 「인안나의 지하계 입성」(고미 도오루 역)이라는 제목이 붙어 있는 것으로(편집부 주—『수메르 신화 집성』수록), 원전은 니푸르에서 출토된 텍스트와 이것을 보충하는 우르에서 출토된 텍스트가 있다. 이에 대해서는 수메르 어학의 권위자인 작고한 핀켈슈타인과 크레이머의 연구가 있다. 그러나 내용에 의심스러운 점이 많고, 주요 테마에 대해서도 문제가 남아 있다. 또한 인안나의 남편 두무지의 운명이 결국 어떻게 되었는지 확실하지 않고, 이야기의 상세한 부분에서도 불명확한 점이 많다. 이 책에서는 상당히 많은 부분을 추측을 통해 일관된 이야기로 만들려고 했다는 점을 밝혀둔다.

(4) 이시타르·탐무즈 신화 ────────

　본문에서 밝힌 것처럼 이 신화는 앞서 언급한 수메르판 「인안나·두무지 신화」의 일부를 아카드어로 번역한 것으로, 두 종류의 설형문자 원문(니네베판과 아슈르판)이 남아 있다. 앞서 언급한 수메르판 「인안나·두무지 신화」의 긴 이야기 중 주인공이 지하계를 왕복하는 부분만 채택한 것에 대해서는 이 부분을 병자의 쾌유를 기원하기 위해 사용했다는 설이 있다. 원문에는 125행의 본문에 약 13행의 부록이 붙어 있는데 이 부분의 의미는 분명하지 않다. 그러나 그곳에 탐무즈 신의 이름이 경의를 표하며 적혀 있어서 아카드판의 이 신화가 지모신(地母神, 대지의 생산력과 생명력을 여성과 결부시켜 신격화한 것

—역주) 신앙과 관련이 있는 것은 분명하다.

(5) 텔리피누 신화

원문은 보가즈쾨이에서 출토된 설형문자로 된 문서가 1926년에 간행되었고, 1933년에 A. 괴체가 최초로 번역했다. 그 후에 H. 오튼과 T. H. 가스터의 연구가 있다. 그러나 원문의 약 3분의 1이 소실되었고 어구에도 불명확한 부분이 많다. 어찌 됐든 이 신화가 앞에서 언급한 수메르·아카드 두 신화의 흐름을 잇는 '지모신 신화'에 속하는 것은 분명하다. 또한 『고대 오리엔트집』에서는 「텔리피누 전설」(마루타 마사카즈[丸田正数] 역)이라고 되어 있다.

(6) 길가메시 서사시

주요 원문은 니네베, 아슈르바니팔 왕궁 문서고에서 출토된 아시리아어판으로, 그 외에 약간의 옛 바빌로니아어판과 히타이트어판 단편이 있다. 1872년에 대영박물관에서 일하던 조지 스미스가 니네베판 「대홍수 이야기」를 발견한 후, 점차 이 작품의 전체 상이 밝혀졌다. 그러나 이 니네베판은 원래 약 3,600행이라고 추정되는 원문 중 불과 약 2,000행만이 오늘날 알려져 있다. 그러나 다른 보조 자료와 추정에 의해 줄거리를 거의 충실하게 파악할 수 있다. 특히 「대홍수 이야기」를 포함한 제11서판은 거의 완벽하게 남아 있다. 또한 원문의 제12서판은 수메르어판을 거의 충실하게 번역한 것으로, 에피소드 형태로 되어 있다. 이것은 수메르어 원문이 발견되어 이 책에서는 다음 절에 수록하였다.

이 서사시는 단순히 신화를 집성한 것이 아니라 '불사의 탐구'라는 불멸의 테마로 재구성된 문학작품이라는 점이 가장 큰 특징이다. 한편 이 서사시와 호메로스의 『오디세이아』의 유사점에 대해서도 연구가 진행되고 있는데, 이것은 오리엔트 세계와 그리스 세계가 문학적으로 연결되어 있다는 점에서 주목받고 있다.

이 작품은 필자가 번역한 원문 번역과 가스터의 산문 영어 번역을 일본어로 번역한 것이 있다. 이 책에서는 두세 군데 원문의 스토리를 독자적으로 해석한 부분이 있다는 점을 밝혀둔다. 이 작품에 대한 상세한 사항은 다음 책을 참조하기 바란다.

야지마 후미오(矢島文夫) 역 『길가메시 서사시』 초판 1965년, 개정 2판 1971년(야마모토 서점). (편집부 주―1998년, 「이시타르의 지하계 입성」 등을 함께 수록한 형태로 지쿠마학예문고에서 재간행).

(7) 수메르의 길가메시 신화 ──────────

앞 항목에서 말했듯이 니네베판 『길가메시 서사시』 제12서판은 수메르어 원문을 직역한 것으로, 그 원문은 따로 발견되었다. 아카드어 『길가메시 서사시』가 수미가 일관된 문학적 작품으로 완성된 것인 데 반해 수메르의 소박한 세계관과 민화풍의 테마가 포함되어 있어 흥미롭다. 또한 현대 체코의 작곡가 B. 마르티누가 이 부분을 주제로 사용한 오라토리오풍의 작품을 만들었다.

(8) 아트라하시스 신화

『길가메시 서사시』 제11서판의 이야기 전체에 대한 에피소드로 적혀 있는 「대홍수 이야기」를 주제로 한 것으로, 주인공 아트라하시스는 '최고의 현자'라는 의미이다. 이것은 『구약성서』의 노아, 『길가메시 서사시』의 우트나피시팀에 해당한다.

원문은 이것도 니네베의 옛터에서 발견된 문서를 중심으로 재구성되었는데, 1969년에 상당수 새로 발견한 텍스트를 첨부한 원문이 간행되어 그 전체 모습이 밝혀졌다. 『고대 오리엔트집』에는 이 책과 마찬가지로 「아트라하시스 이야기」(스기 이사무[杉勇] 역)로 수록되어 있다. 그러나 원문은 반복과 누락, 단절이 많아 이 책에서는 상당히 간략화했다.

(9) 독수리에게 구조된 왕

메소포타미아 기원의 길가메시 신화는 주변 세계에도 전해져 수메르·아카드어판 외에 히타이트어, 후르리어로 된 단편도 알려져 있다. 본문에서도 언급했는데, 이 짧은 이야기는 이 신화가 그리스에도 전해진 것을 알 수 있는 드문 예이기 때문에 특별히 수록했다. 그러나 여기에서는 길가모스(길가메시)라는 이름만 사용하고 있을 뿐이고, 이야기 자체는 오이디푸스(외디푸스) 신화에도 보이는 '버린 아이 전설'이 변형된 형태라고 할 수 있다.

(10) 아다파 신화

원문은 4개의 단편으로 되어 있다(그중 하나는 이집트에서 발견된 아마르나 문서에 포함되어 있던 것임). 『고대 오리엔트집』에서는 「아다파 이야기」(스기 이사무 역)라고 되어 있다. 신의 눈으로 보면 인간은 어리석은 존재라는 주제(에덴동산에서 인간이 타락하는 이야기가 대표적임)를 민화풍으로 완성한 소박한 신화다.

(11) 에타나 신화

에타나는 수메르의 실존했던 왕으로, 기록에 의하면 키시 제1 왕조 제13대 왕이었다고 한다. 역사 기록에도 '하늘로 올라간 자'라고 되어 있어 이 신화가 역사와 결부되어 있다는 것을 보여준다. 단, 이 이야기는 2개의 신화(하나는 오히려 민화라고 해야 함)를 재구성해서 만들었다. 원문은 옛 바빌로니아에서 신아시리아에 걸쳐 여러 종류의 단편이 남아 있어 전체 상을 파악하기가 매우 어렵다. 그리스 신화의 「이카루스 이야기」와 유사하다는 점도 지적되고 있다. 『고대 오리엔트집』에서는 「에타나 이야기」(고토 고이치로 역)라고 되어 있다.

(12) 네르갈과 에레시키갈

네르갈은 지하계에 사는 역병과 전쟁의 신으로, 이 신화에 따르면 원래는 천상계의 신이었는데 지하계로 내려와 여왕 에레시키갈의 남편이 되어 이곳에 머무르게 되었다고 한다. 메소포타미아의 지하계(죽은 자의 세계)에 대한 관념을 알 수 있는 중요한 작품 중 하나다.

원문은 아마르나 문서의 일부를 이루는 바빌로니아어판과 신아시리아어판의 두 종류가 있는데 이야기에 다소 차이가 보인다. 여기에서는 자세한 부분은 생략하고 이야기의 흐름을 파악할 수 있도록 노력했다. 『고대 오리엔트집』에서는 같은 이름(고토 고이치로 역)으로 수록되었다.

(13) 괴물새 주

고대인들은 가끔 폭풍과 열풍을 큰 새와 동일시하여 신들이 지배하는 세계를 파괴하는 존재로 간주했다. 여기에서도 괴물새 주는 신전의 수호자로 외부의 적에 대항해야 하는 입장이면서 천상계의 보물인 '천명의 서판'을 빼앗아 주권을 손에 넣으려고 한다. 그에 대항하여 주신 엔릴의 아들 니누르타가 지혜의 신 에아의 도움으로 이것을 정벌하는 이야기다.

원문은 니네베판을 중심으로 매우 많은 단편을 이용해 재구성하려는 시도가 있었으나 지금도 완전하지는 않다.『고대 오리엔트집』에서는 「주 신화」(고토 고이치로 역)로 되어 있다. 반복되는 부분이 많고 세부는 명확하지 않은 곳이 많으나 여기에서는 그것을 상당히 정리해보려고 노력했다.

(14) 쿠마르비 신화

주요 히타이트어 문헌이 출토된 보가즈쾨이 문서에 포함된 것으로, 히타이트인과는 다른 계통의 후르리인(구약성서의 호리인) 신화가 들어간 것으로 추정하고 있다(이것은 본문 중에 등장하는 신의 이름, 지명 등으로 추정할 수 있다). 그러나 수메르·아카드 신화와 함께 그리스 신화와의 관련성을 인정받았다는 것에 주목해야 한다. 예를 들어 여기에서는 하늘의 주권 교체가 보이는데(아누와 쿠마르비, 그리고 날씨의 신의 '혁명'은 그리스 신화에서는 우라노스, 크로노스, 제우스의 혁명에 대응된다), 전체적으로 자연 배경이 수메르·아카드와는 달라서 바위산이 많은 소아시아적 분위기를 느낄 수 있다. 『고대 오리엔트집』에서는 「쿠마르비 신화」(도도로키 슌지로[轟俊二郞] 역)라고 되어 있다.

(15) 용신 일루얀카 신화 ————————

고대인들은 가끔 격렬한 물의 흐름(강, 홍수, 폭포)을 뱀과 닮은 생물, 즉 용이라고 상상했다. 인간에게 해를 입히는 나쁜 용을 퇴치하는 이야기는 특히 소아시아·캅카스 지방을 중심으로 각지에 유포되어 있다. 그중 하나는 그리스도교의 성자가 된 성 조지(게오르기우스)의 용 퇴치 이야기로, 그리스도교의 전파와 함께 유명해졌다. 또한 동양으로 유입된 것은 인도, 중국을 거쳐 일본 신화인 「야마타노오로치(ヤマタノオロチ)」(『고지키[古事記]』에 수록된 일본 신화 중 하나. 머리가 8개 달린 뱀 야마타노오로치가 노부부의 딸들을 잡아먹는다는 사실을 안 신 스사노오노미코토가 괴물을 퇴치한다는 이야기—역주) 신화를 낳았다.

이 신화의 히타이트어 원문도 다른 것들과 마찬가지로 단절과 누락, 불명확한 어구가 많다. 그러나 앞에서 언급한 것처럼 비교신화학의 관점에서 흥미로운 신화 중 하나이다. 『고대 오리엔트집』에서는 같은 이름(스기 미사무 역)으로 수록되어 있다.

역자 후기

　인류 최초의 문명인 메소포타미아 문명은 지금으로부터 약 5,500년 전에 탄생했다. 그중 수메르는 가장 오래된 민족으로, 그들은 현재의 위치로 보면 북쪽에 튀르키예, 남쪽에 사우디아라비아와 쿠웨이트, 동쪽에 이란, 서쪽에 시리아와 접하고 있는 티그리스강과 유프라테스강 사이에 자리 잡고 있었다. 수메르인은 이곳에서 최초의 도시국가를 세웠고, 중앙에 신전을 세워 신들을 숭배했으며, 세계 최초의 문자인 설형문자를 만들어냈다. 이것은 두 개의 큰 강이 운반해온 점토로 만든 점토 서판을 통해서 전해졌다. 이 수메르인을 멸망시킨 민족이 아카드어를 사용한 아카드인이다. 그러나 이들은 수메르인의 문자와 여러 제도들을 받아들였다.

　한편 히타이트인들은 티그리스강과 유프라테스강의 발원지에 해당하는 소아시아 지역에 살면서 한때 시리아 지방까지 세력을 뻗쳤던 민족이다. 그들의 언어는 인도·유럽어족으로, 수메르어와 아카드어와는 다르지만 수메르인이 전한 설형문자를 배웠다.

　이 책에서는 수메르, 아카드, 히타이트 민족이 남긴 신화를 소개한다. 이들 신화는 이집트, 유럽은 물론, 인도에까지 영향을 미쳐 그들의 신화 형성에 크게 기여했을 것으로 추정된다. 특히 이 책에도 수록된 『길가메시 서사시』에는 잘 알려진 『구약성서』의 '노아의 방주' 이야기의 모태가 되는 내용이 담겨 있어 이 최초의 문명이 향후 인류에게 얼마나 많은 유산을 남겼는지를 가늠해볼 수 있다.

이들 신화의 내용을 통해 태초의 인류가 어떻게 탄생했으며, 삶과 죽음에 대해 고대인들이 어떠한 세계관을 가지고 있었는지를 읽어낼 수 있다. 신들의 입장에서 보면 인간은 어리석은 존재로, 그로 말미암아 신들은 대홍수를 일으켜 인간의 숫자를 줄인다. 이것은 해설 부분에서 신화학자 오키타 미즈호 씨가 지적한 대로 인구의 지나친 팽창은 인류에게 오히려 해가 된다는 생각을 드러낸다. 코로나19의 유행과 지구 환경의 파괴를 경험한 우리의 입장에서 볼 때 인류 최초의 문명에서 이미 이러한 생각을 가지고 있었다는 것은 시사하는 바가 크다고 할 수 있다.

이러한 신화와 인간의 이야기는 현대에도 그 생명을 잃지 않고 각종 문화 콘텐츠로 활용되고 있다. 저자도 밝히고 있듯이 이 책은 문화 콘텐츠를 향유하고 창조하는 데 가장 적극적인 젊은 층을 타깃으로 매우 쉽게 신화의 내용을 서술한 것이다. 인류 최초의 문학인 메소포타미아 신화의 세계를 마음껏 즐기시기를 바라는 마음이다.

옮긴이 김정희

창작을 위한 자료집

AK 트리비아 시리즈

-AK TRIVIA BOOK

환상 네이밍 사전
신키겐샤 편집부 지음 | 유진원 옮김
의미 있는 네이밍을 위한 1만3,000개 이상의 단어

중2병 대사전
노무라 마사타카 지음 | 이재경 옮김
중2병의 의미와 기원 등, 102개의 항목 해설

크툴루 신화 대사전
고토 카츠 외 1인 지음 | 곽형준 옮김
대중 문화 속에 자리 잡은 크툴루 신화의 다양한 요소

문양박물관
H. 돌메치 지음 | 이지은 옮김
세계 각지의 아름다운 문양과 장식의 정수

고대 로마군 무기 · 방어구 · 전술 대전
노무라 마사타카 외 3인 지음 | 기미정 옮김
위대한 정복자, 고대 로마군의 모든 것

도감 무기 갑옷 투구
이치카와 사다하루 외 3인 지음 | 남지연 옮김
무기의 기원과 발전을 파헤친 궁극의 군장도감

중세 유럽의 무술, 속 중세 유럽의 무술
오사다 류타 지음 | 남유리 옮김
중세 유럽~르네상스 시대에 활약했던 검술과 격투술

최신 군용 총기 사전
토코이 마사미 지음 | 오광웅 옮김
세계 각국의 현용 군용 총기를 총망라

초패미컴, 초초패미컴
타네 키요시 외 2인 지음 | 문성호 외 1인 옮김
100여 개의 작품에 대한 리뷰를 담은 영구 소장판

초쿠소게 1,2
타네 키요시 외 2인 지음 | 문성호 옮김
망작 게임들의 숨겨진 매력을 재조명

초에로게, 초에로게 하드코어
타네 키요시 외 2인 지음 | 이은수 옮김
엄격한 심사(?!)를 통해 선정된 '명작 에로게'

세계의 전투식량을 먹어보다
키쿠즈키 토시유키 지음 | 오광웅 옮김
전투식량에 관련된 궁금증을 한 권으로 해결

세계장식도 1, 2
오귀스트 라시네 지음 | 이지은 옮김
공예 미술계 불후의 명작을 농축한 한 권

서양 건축의 역사
사토 다쓰키 지음 | 조민경 옮김
서양 건축의 다양한 양식들을 알기 쉽게 해설

세계의 건축
코우다 미노루 외 1인 지음 | 조민경 옮김
세밀한 선화로 표현한 고품격 건축 일러스트 자료집

지중해가 낳은 천재 건축가
-안토니오 가우디
이리에 마사유키 지음 | 김진아 옮김
천재 건축가 가우디의 인생, 그리고 작품

민족의상 1,2
오귀스트 라시네 지음 | 이지은 옮김
시대가 흘렀음에도 화려하고 기품 있는 색감

중세 유럽의 복장
오귀스트 라시네 지음 | 이지은 옮김
특색과 문화가 담긴 고품격 유럽 민족의상 자료집

메소포타미아 신화

초판 1쇄 인쇄 2024년 10월 10일
초판 1쇄 발행 2024년 10월 15일

저자 : 야지마 후미오
번역 : 김정희

펴낸이 : 이동섭
편집 : 이민규
디자인 : 조세연
영업 · 마케팅 : 송정환, 조정훈, 김려홍, 박소진
e-BOOK : 홍인표, 최정수, 서찬웅, 김은혜, 정희철, 김유빈
관리 : 이윤미

㈜에이케이커뮤니케이션즈
등록 1996년 7월 9일(제302-1996-00026호)
주소 : 08513 서울특별시 금천구 디지털로 178, B동 1805호
TEL : 02-702-7963~5 FAX : 0303-3440-2024
http://www.amusementkorea.co.kr

ISBN 979-11-274-8099-8 03910

MESOPOTAMIA NO SHINWA by Fumio Yajima
Copyright © Hiroshi Yajima, 2020
All rights reserved.
Original Japanese edition published by Chikumashobo Ltd.
Korean translation copyright © 2024 by AK Communications, inc.
This Korean edition published by arrangement with Chikumashobo Ltd., Tokyo